Knaur
MensSana

Über die Autoren:

Gabriele Wengler studierte u. a. an der Hochschule für Fernsehen und Film in München. Seit 1985 ist sie als freie Autorin und Regisseurin tätig. Während vieler Aufenthalte in Indien recherchierte sie über Ayurveda und arbeitet seit sechs Jahren journalistisch über die indische Naturheilkunde.

Martin Mittwede studierte Indologie und lehrt als Privatdozent an der Universität Frankfurt vergleichende Religionswissenschaft. Seit mehr als zehn Jahren befasst er sich mit der Erforschung des Ayurveda und leitet Seminare für Gesundheitsbildung, Kommunikation und Lebensgestaltung.

Gabriele Wengler
Martin Mittwede

Grundlagen des Ayurveda

Der leichte Weg zu Gesundheit und Wohlbefinden

Ein Praxisbuch

Knaur
MensSana

Besuchen Sie uns im Internet: www.droemer-knaur.de
Alle Titel aus dem Bereich MensSana finden Sie im Internet unter
www.knaur-mens-sana.de

Originalausgabe Juli 2006

Umschlaggestaltung: ZERO Werbeagentur, München
Umschlagabbildung: Katharina Franz, München
Satz: Pinkuin Satz und Datentechnik, Berlin
Druck und Bindung: GGP Media, Pößneck
Printed in Germany
ISBN-13: 978-3-426-87290-1
ISBN-10: 3-426-87290-0

2 4 5 3 1

Inhalt

Das Wissen vom Leben

Die Doshas – Lebenskräfte in uns

Gesundheit und Krankheit

Behandlung für Körper, Seele und Geist

Die Sinne – Werkzeuge des Selbst

Die Nahrung – Wurzel unseres Seins

Anwendung

Anhang

Das Wissen vom Leben

Am Anfang war die Ursubstanz allen Seins.
Daraus erschuf Gott Brahma,
der mit seinen vier Gesichtern das Universum überblickt,
die Welten und alle Wesen, die darin leben sollten.
Damit niemand dem Leiden zu sehr ausgeliefert sei,
übergab er seiner Schöpfung das Wissen um den Ayurveda:
Es war die Anleitung zum Leben in Einklang
mit den kosmischen Gesetzen.

Alle Aktivitäten und Wesen dienen dazu,
Glück zu erlangen.
Aber aufgrund des Unterschieds zwischen
Erkennen und Nichterkennen
entzweien sich die Aktivitäten
in Wege und Abwege.
Caraka 1.28.35

Ursprung und Entwicklung des Ayurveda

Der mythologische Ursprung

Der Mythos erzählt, einst habe es ein goldenes Zeitalter gegeben, in dem die Menschen keine Krankheiten kannten und sehr alt wurden. Als sie aber ihren natürlichen Lebensraum verließen und damit begannen, die kosmischen Gesetze zu verletzen, breiteten sich die ersten Krankheiten aus. So kam es, dass sich die Weisen zu einer Konferenz an den Hängen des Himalaja trafen. In gemeinsamer Meditation erkannten sie, dass Indra, der Götterkönig, ihnen das Wissen vom Leben offenbaren könne. Sie schickten einen von ihnen, Bharadvaja, zu Indra. Dieser übergab ihm das Wissen des Ayurveda und betonte, dass jeder die Harmonie zwischen Körper und Geist anstreben solle, um seine Gesundheit zu erhalten und Befreiung zu erlangen.
Nach der Rückkehr auf die Erde lehrte Bharadvaja die anderen Weisen den Ayurveda, das »Wissen vom Leben«.

Die Weisheit Indiens

Von alters her ist Indien das Land der Weisheit und der Spiritualität. Die Suche nach dem Ursprung allen Seins hat hier eine Tradition, die seit Tausenden von Jahren das Leben der Menschen bestimmt.

Nach indischer Überlieferung wurde das erste Wissen um den Kosmos und die Stellung des Menschen im Weltganzen durch die *Rishis*, die Seher der Vorzeit, geschaut. Diese hatten durch Meditation und Yoga ihre Intuition so hoch entwickelt, dass ihnen die ursprünglichen Klangschwingungen, die den Weltgesetzen und der gesamten Schöpfung zugrunde liegen, offenbart wurden. Sie erkannten das Universum als einen immer währenden Schöpfungsakt, in dem sich die kosmische Materie ständig von einem Zustand in den anderen verändert und durchdrungen wird von dem belebenden geistigen Prinzip, das ewig und unzerstörbar ist. Den Menschen sahen sie als einen Teil dieser Schöpfung, seine Seele als einen Teil der unsterblichen kosmischen Energie.
Ihre Erkenntnisse wurden als *Veda* (Wissen), über Jahrtausende in Form von hymnischen Gesängen weitergegeben. Später wurden die vedischen Verse niedergeschrieben und bildeten die Grundlage der indischen Kultur, der Wissenschaft und der Philosophie.
Erst gegen Ende des 18. Jahrhunderts befassten sich Philosophen anderer Länder intensiver mit der indischen Schöpfungsphilosophie. Ihre Bewunderung für die indische Weisheitslehre fand Ausdruck in der Aussage »Ex oriente lux« – »Aus dem Orient kommt das Licht«.
Die Entstehung der Veden reicht in die vorgeschichtliche Zeit zurück. Historiker datieren sie auf 2500 bis 2000 v. Chr. Auch der Ayurveda hat seinen Ursprung in den Veden, wo bereits ein reiches Wissen über Heilkräuter und Krankheitsursachen sowie Empfehlungen zu Gesundheitserhaltung und ethischer Lebensweise enthalten sind.
Im Gegensatz zum Ayurveda standen in der vedischen

Heilkunde bei schweren Erkrankungen jedoch die Heilrituale an erster Stelle. Ein Priester rezitierte die passenden Verse, deren Klängen eine heilende Wirkung zugesprochen wurde. Die Anwendung von Heilkräutern wurde als Ergänzung zum eigentlichen Heilritual gesehen.

Geschichte des Ayurveda

Die ayurvedische Lehre entstand aus der ursprünglich religiösen Betrachtungsweise der Medizin in den Veden. Doch schon vor unserer Zeitrechnung wandten sich indische Ärzte auch der systematisch-wissenschaftlichen Forschung zu. Ihre Erkenntnisse schrieben sie in den *Samhitas*, den medizinischen Lehrschriften, nieder. Die erste Samhita verfasste der Gelehrte Caraka vor etwa 2500 Jahren. In ihr sind die philosophischen Grundlagen des Ayurveda und die Basis des gesamten indischen Medizinsystems enthalten: von Anatomie über Diagnose, Heilverfahren, Pharmakologie, Ernährungs- und Verhaltensweisen bis hin zu Präventivmedizin.
Etwa zeitgleich mit Caraka schrieb der Gelehrte Sushruta die zweite bedeutende Samhita. Seine Erkenntnisse waren wegweisend für die Weiterentwicklung von Anatomie und Chirurgie. Ein Teil seiner Arbeit galt der Entwicklung neuer Operationstechniken, die ihn bereits zu seiner Zeit Amputationen erfolgreich durchführen ließen. Seine Erkenntnisse über das Einrichten von Brüchen und die plastische Chirurgie an Nase und Haut waren revolutionär. Sushrutas Beschreibung von über hundert verschiedenen Operationsinstrumenten sowie siebzig Methoden, eine Wunde zu schließen, wird heute noch

von der Chirurgie als bedeutend anerkannt. Die dritte wichtige Samhita, die Ashtangahridaya-Samhita, wurde von dem Gelehrten Vagbhatta einige Jahrhunderte später verfasst. Sein Lehrbuch ist eine Synthese aus den beiden ersten Samhitas.
Diese historischen Werke werden Brihattrayi, »Die großen drei«, genannt. Jedes einzelne dieser Bücher umfasst etwa siebenhundert bis eintausend Seiten und beschreibt nicht nur die theoretischen und philosophischen Grundlagen des Ayurveda, sondern auch Diagnose und Therapie sowie die Zubereitung zahlreicher Heilmittel. Diese Texte, die in Sanskrit, der alten Gelehrtensprache, verfasst wurden, dienen noch heute als Lehrbücher für angehende Ayurveda-Ärzte. Außer den genannten Texten gibt es eine Vielzahl von ayurvedischen Werken; man schätzt ihre Zahl auf insgesamt etwa zweitausend. Nur die wenigsten von ihnen sind bisher in europäische Sprachen übersetzt worden. Viele ruhen noch in Form von Handschriften in Bibliotheken oder befinden sich im Privatbesitz von Familien, die bereits seit vielen Jahrhunderten Heilkunde praktizieren.

Verbreitung des Ayurveda

Die Verbreitung des Buddhismus in Indien beeinflusste die Geschichte des Landes nachhaltig. Der Respekt vor allem Lebendigen und der Wunsch, das menschliche Leiden zu lindern, führten dazu, dass auch buddhistische Mönche den Ayurveda übernahmen und bis nach Zentralasien weitertrugen. Im Laufe der Jahrhunderte verbreitete sich der Ayurveda in ganz Asien bis nach China

und vermischte sich mit vielen anderen heilkundlichen Traditionen.
Im Altertum galt Indien als das Weltzentrum für Handel, Kultur und Wissenschaft. Philosophen und Mediziner aus vielen Ländern der Erde reisten hierher, um sich an den Universitäten mit indischen Gelehrten auszutauschen. Die traditionellen Medizinsysteme Persiens, Griechenlands und Roms zeigen unverkennbare Einflüsse der ayurvedischen Medizin.
Die Herrschaft der Briten im 19. Jahrhundert bedeutete einen erheblichen Einschnitt. Die Kolonialherren lehnten die traditionelle Heilkunde grundlegend ab und lehrten in Schulen und Universitäten westliche Medizin. Erst in den zwanziger Jahren unseres Jahrhunderts besann man sich gleichzeitig mit dem wachsenden indischen Nationalbewusstsein auf die alten Wissenschaften.

Ayurveda heute

Die alte Schüler-Meister-Beziehung, bei der der Ayurveda-Student bei seinem Lehrer lebte, ihm assistierte und durch praktische Erfahrung lernte, findet sich heute immer seltener.
Auch die alte Unterrichtstradition, die auf der Weitergabe des Heilwissens von Generation zu Generation beruhte, wird kaum noch weitergeführt. Doch gibt es noch einige Familien, die über Jahrhunderte dieses Wissen gepflegt und ausgebaut haben. Diese Familien von Vaidyas (wissenden Ärzten) haben Experten hervorgebracht, die den Ayurveda durch ihre wissenschaftlichen Studien und ihre weit reichenden Erfahrungen sehr bereichert haben.

Die »großen« unter den Vaidyas besitzen eine an Wunder grenzende Fähigkeit, Krankheiten wahrzunehmen und zu heilen.
Wie überall auf der Welt, haben heute weitgehend moderne Universitäten und Colleges die umfassende Ausbildung übernommen. Nach den Jahren der Stagnation unter der britischen Herrschaft hat der Ayurveda in den letzten Jahrzehnten eine überraschende Renaissance erfahren, die nicht nur auf sein Ursprungsland Indien beschränkt ist.
In vielen Ländern der Welt gewinnt die ganzheitliche Gesundheitslehre bei Wissenschaftlern, Ärzten und Patienten mehr und mehr Ansehen. Diese Entwicklung beruht vor allem auf den erstaunlichen Heilerfolgen, die gerade im Bereich der chronischen Erkrankungen und bei vielen Zivilisationserkrankungen erzielt werden, also genau dort, wo die moderne Medizin keine Lösungen anbieten kann.
Zahlreiche Forschungsprojekte wurden ins Leben gerufen, die die überlieferten Texte und Behandlungsmethoden wissenschaftlich analysieren. Die Ergebnisse belegen immer wieder, dass der Ayurveda über die Jahrtausende keinesfalls an Wirkkraft verloren hat, sondern im Gegenteil gerade für den Menschen der heutigen Zeit einen unschätzbaren Wert darstellen kann.

Ayurveda und moderne Medizin

Der Ayurveda unterscheidet sich von der modernen Medizin durch einen wesentlichen Punkt. Sein ganzheitliches Konzept erklärt, dass die gesamten Lebensprozesse nicht isoliert für sich stattfinden, sondern in einem größeren Zusammenhang gesehen werden müssen. Das bedeutet, dass auch der Mensch nicht losgelöst von seiner Umgebung betrachtet werden kann. Der Mikrokosmos Mensch, bestehend aus Körper, Geist und Seele, steht in ständiger Wechselbeziehung mit dem Makrokosmos.

Dem Ayurveda geht es nicht darum, wie in der naturwissenschaftlich orientierten Medizin, zu zählen und zu messen, Krankheiten zu erkennen und zu behandeln, sondern es geht in erster Linie um die Lebensprozesse an sich. Was ist Leben? Was lässt den Menschen denken, fühlen und handeln? Wodurch entstehen Krankheiten? Wie kann die Ursache einer Krankheit beseitigt werden? Was ist Gesundheit? Wie kann der Mensch seine Gesundheit erhalten? Wie beeinflussen sich die Kräfte in ihrem ewigen Wechselspiel?

Die heutige Wissenschaft kann die Frage, was Leben ist, nicht beantworten. Sie kann nur erklären, wie chemische, physikalische und mechanische Prozesse in einem lebendigen Körper ablaufen. Der Ayurveda beschäftigt sich mit den Lebenskräften, die man zwar nicht sehen und messen, aber wahrnehmen kann.

Nach ayurvedischer Vorstellung ist ein lebendiger Körper durchdrungen von vitalen Lebenskräften, Intelligenz und Bewusstsein, die ihn im Innersten zusammenhalten und ihn darüber hinaus mit allem, was ihn umgibt, vernetzen.

Ein lebendiger Körper ist warm. Wenn ein Mensch stirbt, wird der Körper kalt und leblos. Also ist die Wärme ein Lebensprinzip, das in unserem Körper gegenwärtig ist. Wie die Wärme, so ist auch das Bewusstsein als Lebens-

prinzip in jeder Zelle des Körpers vorhanden und lenkt ihre Funktionen.
Dieses Bild vom menschlichen Körper entspricht der philosophischen Auffassung vom Kosmos, wie sie in den Veden, den heiligen Schriften Indiens, zu finden ist. Wie der Mensch, so ist auch der Kosmos durchdrungen von einem absoluten Bewusstsein, das den Fortgang aller Prozesse in der Welt ermöglicht.
Das grundlegende Wissen des Ayurveda entstand aus der Wahrnehmung von Eigenschaften. Wirklichkeit wird durch sinnliche Wahrnehmung erfahren. Die ganzheitliche Sicht des Ayurveda hat mit der modernen Medizin wenig gemeinsam. Nach ayurvedischer Ansicht besteht die Welt aus polaren Gegensätzen, die als wahrnehmbare Eigenschaften grundlegend für den Ayurveda sind. Sie werden in zehn Paaren angegeben:

schwer	....	leicht	weich	....	hart
kalt	....	heiß	klar	....	trübe
fettig	....	trocken	glatt	....	rau
mild	....	intensiv	fein	....	grob
starr	....	beweglich	fest	....	flüssig

Die Eigenschaften sind in allen sichtbaren und unsichtbaren Dingen in unterschiedlichen Gewichtungen enthalten. Der Ayurveda ist ein in sich logisches und geschlossenes System, das über die Einbeziehung aller wahrnehmbaren Faktoren zu einer komplexen und vollständigen Sicht der Welt gelangt.

Die Philosophie des Ayurveda

Der Kern der vedischen Lehre ist das Streben des Menschen nach Erlösung und Befreiung. Alles Leid und alle Freude auf dem Weg dahin sind vergänglich. Kein Zustand, in dem wir uns befinden, ist wirklich stabil.
Zuerst leben wir als Kind im Kreise unserer Familie, werden dann selbstständig, haben einen Beruf, gründen eine eigene Familie und erreichen als letzte Lebensphase das Alter. Beendet wird das Leben durch den Tod, der nach vedischer Auffassung zum Leben dazugehört. Hinter dem Kreislauf von Geburt und Tod steht nach vedischer Auffassung eine Dimension, die unveränderlich und ewig ist. In vielen Mythen der Menschheit wird von dieser uranfänglichen Einheit oder einer göttlichen Energie berichtet, aus der das ganze Universum hervorgegangen ist. Mit der Schöpfung entstand auch die Dualität. Ohne das Wechselspiel der Kräfte, ohne Gegensätzlichkeiten wäre Leben nicht möglich. Der Kosmos, die Welt und alles, was in ihr enthalten ist, bestehen aus der Begegnung von Gegensätzen wie hellen und dunklen Kräften, Gut und Böse, Tag und Nacht, Sommer und Winter, Wasser und Wüste, Krieg und Frieden, männlich und weiblich. Die ganze Reichhaltigkeit des Lebens in uns und um uns herum beruht auf diesem Prinzip.
Die alten Mythen erzählen, dass der Mensch ursprünglich mit der in ihm wohnenden göttlichen Kraft verbunden war und in einem Zustand des Glücks und der Gesundheit lebte. Als er sich jedoch im Laufe der Zeit immer weiter davon entfernte, wurde er von Leid und

Krankheit befallen. Der Mensch steht inmitten des universellen Kräftespiels und muss sich wieder neu entscheiden, mit welchen Kräften er sich verbinden möchte und wie er sein Leben gestalten will.

Je mehr wir aus dieser Einheit, aus der Verbindung mit der uranfänglichen Kraft herausfallen und je mehr wir uns gegen die Gesetze der Natur entscheiden, desto mehr leiden wir, desto kränker werden wir. Je enger wir aber in Verbindung mit unseren eigentlichen Lebensgrundlagen bleiben, desto mehr sind wir in Einklang mit uns und der Natur, desto mehr erlangen wir wirkliche Gesundheit.

Für den Ayurveda ist das höchste Ziel des Menschen die Wiedervereinigung mit dem göttlichen Prinzip. Dieser Zustand wird Erleuchtung oder Befreiung genannt.

Auch wenn das Bewusstsein allgegenwärtig ist, ist es doch nicht sichtbar. Die Sinne können nur Begrenzungen wahrnehmen. Das bedeutet aber nicht, dass Bewusstsein nicht erfahrbar ist. In seinem innersten Selbst kann der Mensch den Zugang zu seiner Mitte finden und dadurch zur Quelle wirklicher Gesundheit gelangen.

In den Veden wird die Frage gestellt: Wenn es eine allgegenwärtige göttliche Kraft gibt, warum wird sie von den wenigsten Menschen wahrgenommen?

Die Antwort darauf lautet: Der Mensch ist von der Einheit getrennt, weil er sich in der Vielheit verliert. Ständiges Agieren, Denken und Planen lassen den Menschen nicht zur Ruhe kommen, eine Ruhe, die notwendig ist, um zur Selbstfindung zu gelangen.

Der Mensch

Der menschliche Körper besteht aus Materie. Diese allein erklärt aber nicht die Lebendigkeit, das Leben an sich. Die Materie ist nur das Baumaterial. Wäre dies der einzige Bestandteil des Körpers, wäre er wie ein Stein, der sich nur in Bewegung setzt, wenn er angestoßen wird. Der lebendige Mensch entsteht erst durch das Selbst, das in ihm wohnt. Es ist der Persönlichkeitskern, der nach der Lehre der Veden ewig und unzerstörbar ist. Die Verbindungsstelle zwischen Selbst und Körper ist der Geist. Er ist das Instrument, das Innen und Außen, Mikrokosmos und Makrokosmos verbindet und in Beziehung setzt.

Der Mensch besteht somit aus drei Aspekten: aus dem Körper, aus dem Geist mit allen Gedanken, Empfindungen und Gefühlen und dem Selbst. Das Selbst ist ein Teil der kosmischen Energie, die unveränderlich ist. Es ist ewig gesund und auch die Quelle der Gesundheit.

Der Geist bewegt alle Gedanken, Empfindungen und Gefühle. Er ist ständig in Bewegung, inspiriert von den Impulsen, die aus dem Inneren kommen.

Der Körper ist das Werkzeug, das die Wünsche des Geistes umsetzt.

Alle drei Aspekte stehen miteinander in Wechselwirkung. Steht der Geist in Verbindung mit dem Selbst, empfängt er Inspiration zum rechten Denken und Handeln: Der Mensch ist gesund. Ist die Verbindung gestört oder völlig abgebrochen, entsteht daraus falsches Denken und Handeln: Der Mensch wird krank.

Der innerste Persönlichkeitskern ist das Selbst, welches ewiges Bewusstsein ist. Dem Selbst am nächsten ist die

Unterscheidungskraft oder die Intuition, die im Sanskrit Buddhi genannt wird. Dieses Wort leitet sich von der Wurzel »budh«, »wach sein«, ab.

Dann folgt der Geist oder die Psyche, die aus Empfindungen, Gedanken und Gefühlen besteht. Zwischen Geist (Psyche) und dem sichtbaren Körper befinden sich die feinstofflichen Lebenskräfte (Doshas), die in der ayurvedischen Lehre von besonderer Wichtigkeit sind. Auf den Körper folgt die Außenwelt, denn der Mensch hört nicht an der Grenze der Haut auf zu existieren, sondern steht mit allem, was ihn umgibt, in Wechselbeziehung.

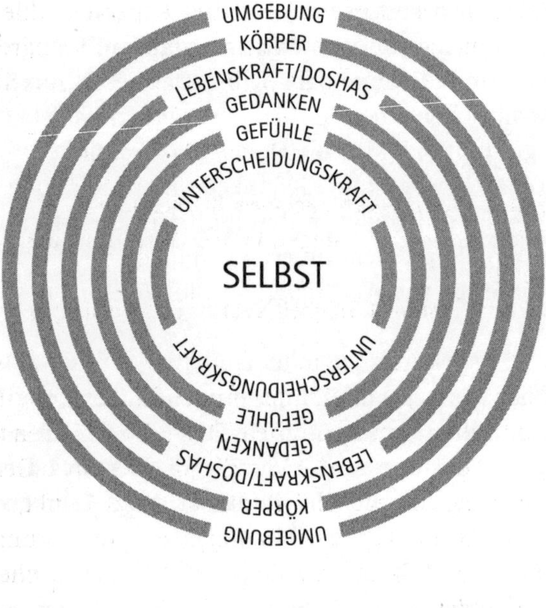

Die Eigenschaften des Geistes

Eine Krankheit des Körpers entsteht nicht von heute auf morgen. Es geht immer ein langer Prozess voraus, der den Nährboden für die Erkrankung bereitet. Dieser Prozess findet auf der Ebene des Geistes statt. Aus ayurvedischer Sicht entstehen Krankheiten aus geistigem Fehlverhalten, durch falsches Denken. Für die ayurvedische Tradition und die indische Philosophie gibt es drei Grundzustände oder Eigenschaften des Geistes *(Gunas)*: *Sattva*, *Rajas* und *Tamas*. Alle diese Eigenschaften sind in jedem Menschen vorhanden und durchdringen auch die ganze Schöpfung. Bei den materiellen Stoffen dominiert die Tamas-Eigenschaft, denn sie verleiht Stabilität und Festigkeit. Der Bereich der Gefühle und Empfindungen wird von Rajas dominiert. Die klare und reine Unterscheidungskraft wird naturgemäß von Sattva bestimmt.

1. Sattva: Gleichgewicht, Reinheit, Klarheit und Stille
2. Rajas: Leidenschaft, Aufgewühltheit, Verwirrung der Gefühle
3. Tamas: Dumpfheit, Trägheit, Leblosigkeit, Erstarrung

Das Verhältnis der drei Geisteseigenschaften ist in jedem Menschen unterschiedlich. Doch für alle Menschen ist Sattva die anzustrebende Eigenschaft des Geistes. Unser Streben ist auf Gleichgewicht ausgerichtet, es ist der immer währende Versuch, Rajas, die Verwirrung der Gedanken, und Tamas, die Erstarrung in Gewohnheiten, zu überwinden.

Folgende Geschichte veranschaulicht die drei Geisteseigenschaften:

Drei Männer gehen durch einen Dschungel. Plötzlich steht ein Tiger vor ihnen. Der erste bleibt wie erstarrt stehen und wird von dem Tiger gefressen. Der zweite hebt schnell einen Stock auf und versucht, den aussichtslosen Kampf mit dem Tiger aufzunehmen. Auch er wird gefressen. Der dritte aber klettert schnell auf einen Baum und rettet so sein Leben.

Der erste Mann, der erstarrt stehen bleibt und überhaupt keinen Ausweg weiß, ist von Dumpfheit, Tamas, bestimmt.
Der zweite, der leidenschaftlich den sinnlosen Kampf aufnimmt, ist von Rajas geprägt. Er ist verwirrt.
Der dritte hat einen klaren, von Sattva geprägten Geist. Er weiß genau, wie er in der Situation handeln muss. Ohne Waffe und ohne Schutz ist die Flucht an einen sicheren Ort der richtige Weg.
Der Mensch reagiert in allen Situationen spontan gemäß seiner vorherrschenden geistigen Eigenschaft. Spürt er jedoch in Ruhe in sich hinein, wird er entdecken, dass alle drei Gunas in seinem Geist vorhanden sind und sich auch in seinen Gefühlen widerspiegeln.
Eine Situation kann uns beunruhigen (Rajas-Aspekt) und uns gleichzeitig traurig oder depressiv stimmen (Tamas-Aspekt). Trotzdem kann in unserem Inneren ein Gefühl entstehen, dass wir die Situation meistern können (Sattva-Aspekt). Die geistige Einstellung, die wir zu einer Sache haben, reflektiert sich in unserem Fühlen und Handeln. Der Geist gibt sozusagen die Marschrichtung für den Körper vor. Und das gilt auch für Krankheiten.

Es ist inzwischen bewiesen, dass die innere Einstellung zu einer Krankheit den Heilungsprozess wesentlich beeinflusst. Wichtig ist, für welche geistige Einstellung sich der Kranke entscheidet:

- Fügt er sich niedergeschlagen in sein Schicksal, so hat er sich für Tamas, die Erstarrung, entschieden.
- Ist er leidenschaftlich verzweifelt, hat er sich dem Rajas, der Verwirrung, hingegeben.
- Strebt er mit Ruhe und innerer Sicherheit die Gesundheit an, wird er von Sattva geleitet.

Psychische Prozesse als Ursache von Krankheiten

Aus vielen medizinischen Studien ist inzwischen deutlich geworden, dass der Wille zur Heilung ein entscheidendes Kriterium für den Therapieerfolg ist. Mut und Zuversicht eines Patienten sind starke Kräfte, die den Heilungsprozess vorantreiben. Selbst bei schwer an Krebs erkrankten Menschen gibt es Spontanheilungen, die wissenschaftlich nicht erklärbar sind. Woher kommt diese Kraft? Wie kann es sein, dass ein großes Geschwür nach einigen Wochen oder Monaten plötzlich verschwindet?
Der Ayurveda geht davon aus, dass die körperlichen Situationen immer von psychischen Prozessen beeinflusst, ja verursacht werden. Das heißt, wenn ein Geschwür entsteht, wenn sich Körperzellen sozusagen unabhängig vom Ganzen machen, wenn sie wuchern und wachsen, dann hat dieser Prozess auch eine Wurzel im Bereich der Gedanken, Gefühle und inneren Einstellungen.

Die Wurzel liegt darin, dass auf der geistigen Ebene eine Spaltung vorhanden ist zwischen dem bewussten Bereich und dem Unterbewusstsein. Negative Gedanken und Gefühle werden in diesem Bereich festgehalten und nicht mehr losgelassen. Ohne dass es zunächst wahrgenommen wird, beginnt etwas zu wuchern und zu wachsen. Bricht die Krankheit aus, kann viel Unruhe, Angst und Sorge entstehen: Sorge vielleicht um den Arbeitsplatz, Angst, etwas zu verpassen, Angst zu sterben oder einfach nur Unruhe, die verhindert, das wahrzunehmen, was im Innern vor sich geht.
In den alten ayurvedischen Schriften wird bei bestimmten Erkrankungen empfohlen, eine positive Anregung des Patienten in den Therapieprozess mit einzubeziehen. Als Beispiele hierfür werden genannt: eine schöne Umgebung in der freien Natur, wo der Patient in Kontakt mit den Elementen kommt, angenehme Düfte, gutes Essen, Tanz, Musik und Bewegung. Die ayurvedischen Ärzte waren sich darüber im Klaren, dass solche Erfahrungen das innere Gleichgewicht und damit die Selbstheilungskräfte fördern. Ein Mensch, der in Angst und Sorge ist, kann dies vergessen, wenn er in einen Zustand des inneren Gleichgewichts kommt. Der Körper des Menschen verfügt über eine enorme Kraft zur Selbstheilung. Diese Kraft gilt es zu nutzen, damit eine Behandlung wirklich Erfolg hat.
Durch bewusste Wahrnehmung entwickelt sich schrittweise ein Gefühl für das, was einem selbst gut tut oder schlecht bekommt. Ziel des Ayurveda ist es, dass jeder Mensch seine eigene Konstitution kennen lernt, um seine Stärken und seine Schwächen zu verstehen. Je mehr ein Mensch mit sich selbst auf geistiger und kör-

perlicher Ebene in Einklang kommt, desto besser werden die Selbstheilungskräfte arbeiten können. Im Ayurveda heißt es: »Ein Mensch kann hundert Jahre gesund und glücklich leben, mit der Kraft des Geistes und all seiner Sinne und gespeist aus seiner ursprünglichen Lebenskraft.«

Der Kosmos in uns

Die fünf Elemente

Der Gedanke, dass der Mensch nicht getrennt von der Schöpfung zu betrachten ist, besteht vielleicht schon seit der Zeit, als der Mensch begonnen hat, über sich selbst nachzudenken. Trotzdem haben sich die meisten Menschen in ihrem täglichen Leben immer mehr von den natürlichen Grundlagen entfernt: Sie leben eher gegen den Rhythmus der Natur, anstatt mit ihm.

Die vedischen Seher, die auf der Suche nach den universalen Prinzipien des Kosmos waren, beleuchteten die Beziehung zwischen dem Menschen und der Welt und erkannten, dass alles, was die Schöpfung ausmacht, sich durch die fünf Elemente und ihre Zustandsformen manifestiert: den ätherischen Raum, die gasförmige Luft, das strahlende Feuer, das flüssige Wasser und die feste Erde.

Aus den fünf Elementen und ihren Eigenschaften setzen sich alle sichtbaren und unsichtbaren Substanzen zusammen, jede Materie und alles Lebendige.

Daraus entwickelte sich die Erkenntnis, dass sich in jedem Menschen die Gesamtheit des Kosmos wiederfindet. In diesem Gedanken wurzelt die Grundlage des Ayurveda und dessen ganzheitliche Sicht auf das Leben.

> Was immer den Menschen in seiner
> Verschiedenheit ausmacht,
> formt auch das Universum,
> und die Teile, die das Universum ausmachen,
> formen auch den Menschen.
> *Caraka*

Im Menschen sind die fünf Elemente und ihre Zustandsformen gegenwärtig und wahrnehmbar.

Raum: Das Raum-(Äther-)Element zeigt sich in den vielen Hohl- und Zwischenräumen des Körpers wie zum Beispiel im Magen, in den Gedärmen, den Adern, der Lunge usw.

Luft: Die Luft gelangt durch den Atem in den Körper und ist durch ihre Bewegung spürbar.

Feuer: Das Element Feuer erzeugt Wärme im Körper und ist assoziiert mit der Verdauung und dem Stoffwechsel.

Wasser: Der Körper besteht hauptsächlich aus Wasser. Die wichtigsten Transportmittel des Körpers wie Blut und Lymphe sind flüssig.

Erde: Das Element Erde ist mit allen festen Substanzen assoziiert wie Muskeln, Knochen, Haut, Sehnen.

Doch nicht nur der Körper des Menschen ist aus den fünf Elementen gebaut. Sie bilden auch eine Brücke, die den Austausch zwischen der geistigen Ebene und der äußeren Wirklichkeit gewährleistet. Alle Wahrnehmungen, die wir empfangen, alle Signale, die wir aussenden, werden über die fünf Elemente gesteuert und finden sich in den fünf Sinnen und den dazugehörigen Sinnesorganen wieder.

- **Raum:** Hörsinn – Ohr
  Töne entstehen durch die Veränderung des Mundraumes (z.B. die Laute a-e-i-o-u). Der Schall verbreitet sich im Äther (Raum) und wird mit dem Auftreffen auf die Hohlräume von Ohrmuschel, Gehörgang und Schnecke des Innenohres wieder zu Klang.
- **Luft:** Tastsinn – Haut
  Wind ist nur auf der Haut als Berührung spürbar.
- **Feuer:** Gesichtssinn – Augen
  Sehen ist abhängig von Licht. Der Mensch, der sein Augen-Licht verloren hat, lebt in ewiger Dunkelheit.
- **Wasser:** Geschmackssinn – Zunge
  Geschmack entsteht im flüssigen Milieu des Mundes. Je weniger Speichel vorhanden ist, desto schwächer wird die Geschmacksempfindung.
- **Erde:** Geruchssinn – Nase
  Vollkommen reines Wasser riecht nicht. Erst wenn feste Partikel darin gelöst sind, entsteht Geruch.

Für jeden Menschen sind die Erscheinungsformen der fünf Elemente Raum, Luft, Feuer, Wasser und Erde im Körper erkennbar.

Es heißt, dass demjenigen, dem es gelingt, die Elemente in seinem Innern wahrzunehmen, es auch gelingt, die Zusammenhänge im Kosmos zu erkennen.

Die Doshas – Lebenskräfte in uns

Alle Aktivitäten der Wesen dienen dazu,
Glück zu erlangen.
Aber aufgrund des Unterschieds zwischen
Erkennen und Nichterkennen
entzweien sich die Aktivitäten
in Wege und Abwege.
Caraka 1.28.35

Frühzeitig möge der Weise das tun,
was er für sein Selbst
als richtig erkannt hat.
Caraka 1.7.54

»Wer bin ich? Was ist gut für mich?«
Das ist die Kenntnis der Persönlichkeit.
Cakrapanidatta

Das Regelsystem der Natur

Vata, Pitta, Kapha

Nach der ayurvedischen Lehre verbinden sich die fünf Elemente zu drei elementaren Kräften, den Doshas *Vata*, *Pitta* und *Kapha*. Diese drei Doshas wirken als Energie sowohl in der Natur wie auch in jeder Zelle des Menschen. Jeder Dosha hat seinen »Hauptsitz« im Körper.

Als Energien, die die Abläufe im Körper steuern, sind die Doshas nicht sichtbar, aber in ihren Eigenschaften und ihrem Wirken für jeden wahrnehmbar. Sie reagieren auf alles, was wir unserem Körper zuführen, auf Gerüche, Farben, Klänge, aber auch auf Klimawechsel und Arbeitsstress, einfach auf unsere gesamte Lebensweise. Ihre Reaktion darauf drückt sich in unserer Befindlichkeit aus. Ist der Mensch im Gleichgewicht, laufen die Körperfunktionen geregelt ab, die drei Doshas sind ausgeglichen und arbeiten harmonisch zusammen.

Für eine detailliertere ärztliche Diagnose ist darüber hinaus noch der Zustand der jeweils fünf Sub-Doshas wichtig.

Die Lehre von den Doshas ist der Kern des Ayurveda. Sie verdeutlicht den ganzheitlichen Ansatz dieses Medizinsystems und führt den Beweis, dass der Ayurveda wirklich eine Wissenschaft vom Leben ist.

Jeder Dosha beruht auf der Verbindung zweier Elemente, wobei die Eigenschaften der aktiven Elemente dominieren.

Luft, Feuer und Wasser sind aktive, bewegliche Elemente.

Raum und Erde sind dagegen passiv und ruhig. Die aktiven Elemente bestimmen den Hauptcharakter der Doshas. Die Zustandsformen der Elemente wie trocken, flüssig, kalt, leicht, fest, warm usw. bestimmen die Eigenschaften der drei Doshas und ihre jeweiligen Funktionen.

Luft und Raum verbinden sich in der Vata-Kraft

Die Eigenschaften der Luft sind leicht, subtil, trocken, alles bewegend und durchdringend. Daher ist Vata die Kraft der Bewegung und für alle Bewegungsabläufe und die Muskulatur im Körper zuständig, aber auch für die geistige Beweglichkeit, Heiterkeit, Kreativität und Wahrnehmung. Die Verbindung mit den Elementen Raum (Äther) und Luft wird deutlich in der Funktion von Hören und Sprechen. Das Hauptzentrum von Vata liegt im Dickdarm. Vata-Eigenschaften sind: trocken, kalt, leicht, rau und schnell.

Feuer und Wasser verbinden sich in der Pitta-Kraft

Pitta ist die erhitzende Kraft des Feuers und für Verdauung, Stoffwechsel und Wärmeproduktion im Körper zuständig. Gleichfalls regelt Pitta die intellektuellen Fähigkeiten, den Ausdruck von Gefühlen und das Sehen. Der Hauptsitz von Pitta ist im Bereich des unteren Magens, dem Zwölffingerdarm und dem Dünndarm.
Pitta-Eigenschaften sind: ölig, warm, leicht, scharf und flüssig.

Wasser und Erde verbinden sich in der Kapha-Kraft

Kapha ist die feuchte und schwere Kraft des Wassers und der Erde. Sie bildet die Substanz in unserem Körper, hält zusammen und festigt. Kapha reguliert den Flüssigkeitshaushalt, ist für die natürlichen Abwehrkräfte verantwortlich und stabilisiert den Gefühlshaushalt.
Kapha hat als Hauptsitz den Brustraum.
Die Kapha-Eigenschaften sind: schwer, ölig, kalt, stabil und langsam.

Die Doshas sind als Kräfte allgegenwärtig im Körper. Sie steuern den gesamten Organismus, alle körperlichen und geistigen Funktionen. Sie spiegeln sich wider in unserem Aussehen, in unserem Denken und Fühlen, in Vorlieben und Abneigungen, in all unseren Eigenheiten. So wie die fünf Sinne den Geist des Menschen mit dem Makrokosmos verbinden, dienen die drei Doshas dazu, den Körper des Menschen mit der Umwelt zu verbinden.
Sind die Doshas bei einem Menschen ausgeglichen, so ist er gesund. Geraten die Doshas aus dem Gleichgewicht, entstehen Störungen auf physischer oder psychischer Ebene.
Jeder Mensch hat von Geburt an seine individuelle Dosha-Grundkonstellation.
Gleichgewicht der Doshas heißt für den Einzelnen, dass seine Grundkonstellation in der Balance ist. Es bedeutet nicht, dass die drei Doshas zu gleichen Teilen vorhanden sein müssen.
Aus dem System der Drei-Dosha-Lehre lässt sich eine ganz einfache Schlussfolgerung ziehen: Jeder Mensch

ist einzigartig! Was dem einen gut tut, kann für den anderen schlecht sein. Die Kenntnis um die eigene Grundkonstellation ermöglicht jedem, sich besser kennen zu lernen und Verständnis dafür zu entwickeln, warum der eigene Körper auf etwas so und nicht anders reagiert.
Vielleicht überwinden Sie sich jeden Tag und essen Rohkost, »weil es gesund ist«, obwohl Sie eher Appetit auf eine warme Suppe haben. Trotz Ihrer »gesunden Ernährung« kann es sein, dass Sie sich oft unwohl fühlen, an Verstopfung oder Nervosität leiden. Gesund ist, was uns nützt. Je mehr wir auf die Signale unseres Körpers hören, desto sensibler werden wir auch Impulse aus unserem tiefen Inneren wahrnehmen.
Das Wissen um Ihre eigene Konstitution wird Ihnen die Tür in einen Raum öffnen, in dem Sie sich selbst in einem anderen Licht sehen.

Wer bin ich?
Der Schlüssel zur individuellen Konstitution

Das individuelle Verhältnis von Vata, Pitta und Kapha im Körper bestimmt den Konstitutionstyp. Es gibt keinen Konstitutionstyp, der besser oder schlechter ist als der andere, denn jede Konstitution stellt in sich ein Gleichgewicht dar. Wer im Einklang mit seiner Konstitution lebt, ist stabil und fühlt sich in seiner Haut wohl.
In diesem Buch werden wir immer wieder auf die Konstitutionstypen eingehen. Der folgende Test soll Ihnen helfen, Ihre persönliche Konstitution herauszufinden. Seien Sie ehrlich zu sich selbst in der Beantwortung der Fragen, es gibt nichts zu gewinnen oder zu verlieren.

Beantworten Sie die Fragen nicht so, wie Sie sein wollen, sondern so, wie Sie wirklich sind. Vielleicht bitten Sie auch ein Mitglied Ihrer Familie oder eine(n) gute(n) Freund(in), den Test zu verwenden, um Sie zu beurteilen. Aus beiden Ergebnissen zusammen ergibt sich in der Regel ein realistisches Bild.

Um die Konstitution beurteilen zu können, sollten die Fragen daraufhin beantwortet werden, wie man sich im Allgemeinen verhält und fühlt. Es geht dabei nicht um die aktuelle Situation, die von einer bestimmten Dosha-Störung überschattet sein kann.

Bitte beantworten Sie alle Fragen, die gestellt werden. Bei jeder Frage können Sie 0–5 Punkte vergeben. 0 Punkte bedeuten, dass die Aussage überhaupt nicht auf Sie zutrifft. 5 Punkte bedeuten, dass die Aussage vollständig auf Sie zutrifft. Können Sie sich bei einigen Aussagen nicht zwischen Ja und Nein entscheiden, weil sie mal mehr, mal weniger zutreffen, wählen Sie einen Punktwert auf der Werteskala zwischen 1 und 4.

Vergleichen Sie anschließend die Gesamtpunktzahlen, die sich aus den Tests ergeben haben. Der Dosha, der die höchste Punktzahl erreicht hat, ist Ihr vorherrschender Dosha.

Der Dosha mit dem zweithöchsten Wert bestimmt Ihre Konstitution wesentlich mit, wenn der Abstand zum ersten nicht zu groß ist.

Der Dosha mit der niedrigsten Punktzahl ist am wenigsten ausgeprägt.

Zum Beispiel: Hat der Vata-Test die höchste Punktzahl ergeben und die Punktzahl des Pitta-Tests liegt knapp darunter, so ergibt sich der Konstitutionstyp Vata-Pitta.

Test für die Vata-Kraft

Einschätzung	Ja	Mehr oder weniger	Nein
Punktbewertung	5	4 bis 1	0
Ich habe einen leichten bzw. schmalen Körperbau.			0
Mir wird leicht kalt, besonders an Händen und Füßen.		4	
Meine Haut ist trocken und wird leicht rau.		3	
Meine Gefühle und Stimmungen können sich rasch verändern.		3	
Auswendig lernen ist nicht meine Stärke, und ich vergesse schnell wieder.		2	
Ich kann mich schwer entscheiden und bin mir meiner Entscheidungen oft nicht sicher.	5		
Ich halte mich für kreativ, und künstlerische Bereiche liegen mir sehr.			0
Ich habe oft neue Ideen und bin sehr begeisterungsfähig.		2	
Mir fällt es schwer, regelmäßige Gewohnheiten zu entwickeln.		4	
Ich spreche schnell und lebhaft.		4	
Mein Gang ist zügig und beschwingt.		4	
Mein Appetit ist unregelmäßig.		3	
Mein Schlaf ist eher leicht und unruhig.		2	
Ich reise sehr gern.		2	
Ich mag feuchtes, warmes Klima.	5		
Zählen Sie Ihre Punkte zusammen	10	33	
Gesamtpunktzahl		43	

Test für die Pitta-Kraft

Einschätzung	Ja	Mehr oder weniger	Nein
Punktbewertung	5	4 bis 1	0
Ich habe einen mittleren Körperbau.	5		
Wenn andere sich warm anziehen, reicht mir noch ein T-Shirt.			0
Meine Haut ist eher feucht, und ich neige zum Schwitzen.			0
Meine Haut neigt zu Pigmentbildungen bzw. Sommersprossen.		2	
Ich kann leicht ärgerlich oder zornig werden, auch wenn ich dies nicht unbedingt zeige.		3	
Ich lerne gern und zielgerichtet.		3	
Wenn ich mich zu etwas entschlossen habe, ziehe ich die Sache auch durch.		3	
Meine Ideen strukturiere ich in logischer Form, am liebsten in Form von Schaubildern.		3	
Ich bin genau in meiner Tagesplanung.		1	
Ich diskutiere gern und möchte überzeugen.			0
Mein Gang ist bestimmt und regelmäßig.		2	
Ich habe guten Appetit; Mahlzeiten auszulassen fällt mir schwer.		2	
Ich schlafe fest, aber nicht extrem tief.		3	
Oft habe ich intensive Träume.		4	
Ich schwimme gern in kühlem Wasser.			0
Zählen Sie Ihre Punkte zusammen			
Gesamtpunktzahl	5	26 31	

Test für die Kapha-Kraft

Einschätzung	Ja	Mehr oder weniger	Nein
Punktbewertung	5	4 bis 1	0
Ich habe einen kräftigen, schweren Körperbau.			0
Wärme und Kälte machen mir nicht viel aus, zuweilen habe ich es aber gern gemütlich warm.		4	
Meine Haut ist robust, eher kühl und glänzend.			0
Mich bringt so schnell nichts aus der Ruhe.			0
Ich brauche viel Schlaf und bin eher schwer zu wecken.			0
Ich lerne eher langsam, behalte dafür das Gelernte sehr gut.		1	
Für neue Projekte muss ich mich erst erwärmen. Alles will gut überlegt sein.		3	
Ich plane gründlich und methodisch.		1	
Ich liebe meine Regelmäßigkeit, aber Unvorhergesehenes wirft mich nicht aus der Bahn.		3	
Ich sammle gern alle möglichen Dinge.		4	
Zu viel Reden halte ich für überflüssig, meine Anliegen bringe ich im richtigen Augenblick mit Bedacht vor.		3 1	
Ich gehe eher langsam, bin aber sehr ausdauernd.		1	
Ich esse gern, kann aber ohne Schwierigkeiten Mahlzeiten auslassen.		4	
Wenn ich nicht aufpasse, nehme ich leicht zu.		4	
Ich liebe heißes, trockenes Klima.	5		
Zählen Sie Ihre Punkte zusammen	5	26	
Gesamtpunktzahl	5	31	

Die Konstitutionstypen

Die Konstitution eines Menschen entsteht bei seiner Zeugung. Sie wird im Wesentlichen von den Anlagen beider Elternteile bestimmt. Je nachdem, wie stark die Doshas ausgeprägt sind, ergeben sich unterschiedliche Konstitutionstypen.
Es gibt drei reine Typen, bei denen ein Dosha stark vorherrschend ist. Sie sind eher selten, da sie nur entstehen, wenn sich beide Elternteile typmäßig sehr ähnlich sind.

Der Vata-Typ
Der Pitta-Typ
Der Kapha-Typ

Zu den Mischtypen gehören die meisten Menschen. Bei ihnen liegen zwei dominierende Doshas vor, wobei einer von beiden meist etwas stärker ausgeprägt ist. Es ergeben sich folgende Typen:

Der Vata-Pitta-Typ
Der Vata-Kapha-Typ
Der Pitta-Vata-Typ
Der Pitta-Kapha-Typ
Der Kapha-Vata-Typ
Der Kapha-Pitta-Typ

Menschen, bei denen alle drei Doshas, also Vata, Pitta und Kapha, gleichermaßen stark präsent sind, haben in der Regel eine sehr stabile Gesundheit und werden oft

sehr alt. Geraten bei ihnen allerdings die Doshas durcheinander, ist das Gleichgewicht schwerer wiederherzustellen als bei den anderen Konstitutionstypen.
Um die Eigenschaften der Doshas einfach und klar zu verdeutlichen, beschränken wir uns in diesem Buch auf die Beschreibungen der reinen Konstitutionstypen und gehen nicht weiter auf die Mischtypen ein.

Als Regel kann gelten:

1. Der dominierende Dosha bestimmt oft den Körperbau.
2. Die starke Präsenz zweier Doshas führt nicht zu einer Vermischung der Eigenschaften. Vielmehr reagiert die Person manchmal in die Richtung des einen und manchmal in die Richtung des anderen Doshas. Der in der Regel ruhige und ausgeglichene Kapha-Pitta-Typ kann in Stresssituationen genauso feurig aufbrausen wie ein reiner Pitta-Typ.

Eigenschaften der Konstitutionstypen

Vata (Luft/Äther)	Pitta (Feuer/Wasser)	Kapha (Wasser/Erde)
Körperbau: leicht, schmal, hervortretende Knochen; flinke, leichte Bewegung	*Körperbau:* mittelgroß, muskulös; sportliche und selbstsichere Bewegung	*Körperbau:* kräftig, gut entwickelt; langsame Bewegungsabläufe
Haut: eher trocken, kühl, zart, Tendenz rau, leicht bräunliche Farbe, wenig Schweiß, geruchlos	*Haut:* feucht, warm, leicht rötlich oder hell, Male und Sommersprossen, schwitzt leicht	*Haut:* vornehme Blässe, kräftig, kühl, geschmeidig und glänzend, angenehmer Körpergeruch

Vata (Luft/Äther)	Pitta (Feuer/Wasser)	Kapha (Wasser/Erde)
Haare: leicht lockig, dünn, trockene Tendenz, braun oder aschblond	*Haare:* weich, mittlerer Wuchs, hell bis rötlich, frühzeitiges Ergrauen	*Haare:* kräftiger Wuchs, gelockt, glänzend, Tendenz fettig
Augen: klein, lebendiger Ausdruck, braun bis hellbraun, zarter, leichter Wimpernwuchs	*Augen:* mittlere Größe, forscher Blick, blau bis blaugrau, grün, mittlerer Wimpernwuchs	*Augen:* groß, gutmütiger, sanfter Blick, glänzend, braun, tiefes Blau, kräftige, lange Wimpern
Essverhalten: in der Tendenz unregelmäßig	*Essverhalten:* großer Appetit	*Essverhalten:* kein großer Hunger, Feinschmecker
Verdauung: regelmäßiger Stuhlgang	*Verdauung:* verdaut sehr schnell	*Verdauung:* langsamer Verdauungsprozess
Schlaf: leicht, wenig	*Schlaf:* träumt viel	*Schlaf:* tief
Tatkraft: schnell, sehr aktiv, sprunghaft, kreativ	*Tatkraft:* sehr motiviert, mittelschnell	*Tatkraft:* behutsam, langsam
Verstand: schnelle Auffassungsgabe, wach, ideenreich, gutes Kurzzeitgedächtnis	*Verstand:* analytisches Denken, scharf, kritisch, zielgerechtes Handeln, gutes optisches Gedächtnis	*Verstand:* langsame Auffassungsgabe, gutes Langzeitgedächtnis, bedachtsam, stetig
Gefühle: lebhaft, schnell wechselnd	*Gefühle:* leidenschaftlich, humorvoll	*Gefühle:* ruhig und stabil, sentimental, hingebungsvoll
Vorlieben: feucht-warmes Klima, reist gern, hört gern Musik	*Vorlieben:* trocken-kühles Klima, treibt gern Sport, engagiert sich gern	*Vorlieben:* trocken-warmes Klima, mag es gemütlich, sammelt gern
Sexualität: unregelmäßiges, großes Bedürfnis	*Sexualität:* mittleres Bedürfnis, leidenschaftlich	*Sexualität:* gleich bleibendes Bedürfnis

Der Umgang mit den Doshas

Das Wissen um die Eigenschaften der Doshas ist der Schlüssel zum Verständnis der eigenen Konstitution. Es ermöglicht jedem zu erkennen, warum er bestimmte Vorlieben oder Abneigungen hat und warum ein bestimmtes Verhalten zu Wohlsein oder Unwohlsein führt.

- **Vata** hat die Eigenschaften trocken, kalt, leicht, rau und schnell. Erhöht oder gereizt wird der Dosha durch gleiche Eigenschaften. Beruhigt oder reduziert wird Vata durch die gegensätzlichen Eigenschaften wie ölig, feucht, schwer, weich und langsam. Für einen Menschen mit vorherrschendem Vata-Dosha ist dementsprechend ein feuchtes, warmes Klima angenehmer als ein trockenes, kaltes Klima.
- **Pitta** hat die Eigenschaften ölig, warm, leicht, scharf und flüssig. Auch hier gilt: Das Hinzufügen gleicher Eigenschaften erhöht oder reizt und das Hinzufügen gegensätzlicher Eigenschaften wie trocken, kühl, schwer, mild beruhigt oder reduziert Pitta. Eine scharf gewürzte Speise im Hochsommer und vielleicht dazu noch erhitzender Alkohol wird einem Menschen mit vorherrschendem Pitta-Dosha sicher nicht gut tun.
- **Kapha** hat die Eigenschaften schwer, ölig, kalt, langsam und wird beruhigt oder reduziert durch Eigenschaften wie warm, leicht, schnell und trocken. Einem Menschen mit vorherrschendem Kapha-Dosha tut also Aktivität und leichtes, warmes Essen gut.

Alle Eigenschaften der Doshas werden durch Umwelt, Verhalten, Gefühle, Lebensrhythmus gestärkt oder ge-

schwächt. Je nachdem, in welcher Qualität und Stärke der Einfluss auf die Dosha-Eigenschaften stattfindet, entsteht Gleichgewicht oder Ungleichgewicht.
Es ist die Stärke des Ayurveda, dass er jeder Veränderung im Geist-Körper-System des Menschen Bedeutung beimisst und damit im höchsten Maße der Krankheitsvorbeugung dient.

Ayurvedische Lebensführung heißt, die Bedürfnisse des Körpers als natürliche und notwendige Signale wahrzunehmen. Aus der Unterdrückung von Bedürfnissen entstehen Krankheiten. Ein Zustand, der verdrängt wird, sei es ein Gefühl oder ein körperliches Bedürfnis, löst sich nicht einfach auf. Er staut sich auf und nimmt, gleichgültig ob wir es wahrhaben wollen oder nicht, Einfluss auf uns.
Sich selbst gerecht zu werden bedeutet, die natürlichen Veranlagungen nicht zu unterdrücken, aber auch nicht ins Extreme wachsen zu lassen. Überanstrengung, über Jahre gelebt, führt zu vorzeitigem Altern und Schwäche. Es gilt, in jeder Lebenslage zu prüfen, was gut für einen selbst ist. Entscheidend ist, dass nach dem Fühlen, nach der Erkenntnis als nächster Schritt das Handeln folgt.

Typgerechte Lebensweise – Der Schlüssel zur Zufriedenheit

Der Mensch mit vorherrschendem Vata-Dosha

Beruf:
Der Vata-Typ braucht eine anregende und abwechslungsreiche Tätigkeit. Wenn er seine Kreativität nicht

leben darf, wird er unglücklich. Da er ein kreativer Chaot ist, bringt er in einer Führungsposition wahrscheinlich mehr durcheinander, als er nützt. Eine strukturierte Umgebung hilft, die vielen Ideen in geordnete Bahnen zu bringen. Für künstlerische, musische oder erfinderische Berufe ist der Vata-Typ prädestiniert.

Wohnen:

Für den Vata-Typ ist es am besten, in einem ruhigen Wohngebiet am Stadtrand oder in der Nähe einer Stadt zu wohnen. Er braucht die Anregungen und den Trubel der Stadt, aber genauso seinen Rückzugsort, in dem er mal wieder zur Ruhe kommen kann. Auch ein Garten wirkt positiv erdend auf den »luftigen« Vata-Typ. Seine Wohnungseinrichtung wird eher aus schönen Einzelstücken zusammengestellt sein. Für die leicht zerstreuten Vata-Menschen gilt vor allem: Das Schlachtfeld in der Wohnung hie und da ein wenig aufzuräumen bringt nicht nur Ordnung in das Lebensumfeld, sondern auch in den Vata-Typ.

Freizeit:

Der Vata-Typ tendiert dazu, viele Aktivitäten zu beginnen, aber diese nicht konsequent weiterzuführen. Außerdem nimmt er sich regelmäßig zu viel vor. Für ihn ist es daher eine wichtige Lernaufgabe, bei einer Sache zu bleiben. Ruhige, aber doch abwechslungsreiche Aktivitäten wie Malen, Musikhören oder Musizieren sind für ihn das Richtige. Die ideale Entspannung für Körper und Geist und Balsam für seine trockene Haut ist ein Besuch im Dampfbad mit anschließender Ölmassage.

Urlaub:
Warm und feucht muss es sein, das steht auf alle Fälle fest. Indien mit seinem spirituellen Reichtum, tausend Anregungen und dem richtigen Klima könnte ein ideales Reiseland für Vata-Typen sein. Auch Studienreisen sind für ihn geeignet. Trotz des Wunsches, ständig unterwegs zu sein, empfiehlt es sich aber doch, zur Abwechslung auch einmal mehrere Tage an einem Ort zu bleiben und wieder zu Atem zu kommen.

Partnerschaft:
Zwei reine Vata-Typen, das geht wahrscheinlich nicht gut. Sicher wird sich der Vata-Typ einen Partner aussuchen, der eine beruhigende Komponente als Ausgleich zu seinem eigenen unsteten Wesen mitbringt. Wenn dieser auch noch gut kochen kann und für regelmäßiges Essen bei Kerzenschein sorgt, ist er eine ideale Ergänzung.

Der Mensch mit vorherrschendem Pitta-Dosha

Beruf:
Der Pitta-Typ kann gut organisieren und planen. Er sucht ständig neue Herausforderungen und übernimmt auch gerne Führungsaufgaben.
Wichtig ist, dass der Pitta-Typ sich durch seinen Ehrgeiz nicht überarbeitet. Aktivitäten, in denen ein sicheres Auftreten nach außen, Rhetorik und Überzeugungskraft gefragt sind, entsprechen dem Pitta-Typ besonders; auch Berufe, die technische Fähigkeiten verlangen, passen gut.

Wohnen:
Der Pitta-Typ hat viel innere Hitze und liebt kühle Orte. Raues Klima macht ihm nichts aus. Sein Hunger nach frischer Luft ist ausgeprägt. Viel Lüften heißt die Devise. Wasser gleicht das Pitta aus: Ein Zimmerspringbrunnen kann nicht schaden. Sein Sinn für Struktur und Ordnung zeigt sich auch in der häuslichen Umgebung. Unordnung kann ihn ziemlich aufregen.

Freizeit:
Der Pitta-Typ liebt den Wettkampfsport, muss aber darauf achten, sich nicht im Ehrgeiz zu verlieren. Besser sind Aktivitäten, die nicht auf Sieg ausgerichtet sind. Nicht kämpfen, sondern spielen! Ausgeschlossen davon sind allerdings Spiele wie »Mensch ärgere dich nicht«. Der Pitta-Typ ist ein äußerst schlechter Verlierer, und um das heiß begehrte Ziel zu erreichen, scheut er auch nicht vor Schummeln zurück. Durch seine ausgeprägte Konzentrationsfähigkeit und sein sportliches Temperament wird er bei Sportarten wie Skifahren, Wassersport und Bogenschießen gut abschneiden. Gleichzeitig wird dabei sein hitziges Gemüt beruhigt, seine Energien kanalisiert.

Urlaub:
Heiße Länder wird der Pitta-Typ natürlich meiden, insbesondere wenn die Luftfeuchtigkeit hoch ist. Urlaub am Meer mit aktivem Wassersport und Winterurlaub im Schnee sind so richtig nach dem Geschmack der Pitta-Typen. Ob es wirklich immer der Abenteuerurlaub in der Antarktis sein muss?

Partnerschaft:
Auch für den Pitta-Typen gilt: Zwei Hitzköpfe zusammen, das kann gefährlich werden. In jedem Fall wird es dramatisch und im wahrsten Sinne aufregend. Für eine ausgewogene Partnerschaft braucht sein Partner Diplomatie, aber auch Durchsetzungsvermögen, sonst wird er untergebuttert. Ist der Pitta-Typ unausgeglichen, kann das für seinen Partner unangenehm werden. Vorwürfe und Eifersuchtsszenen kommen in dem Fall öfter vor.

Der Mensch mit vorherrschendem Kapha-Dosha

Beruf:
Der Kapha-Typ liebt regelmäßige Arbeitsabläufe. Routine ist nicht langweilig, sondern angenehm. Er muss nur aufpassen, dass er dabei nicht zu bequem wird. Etwas Herausforderung darf es schon sein, damit die eigene Entwicklung nicht stehen bleibt. Durch seine Bodenständigkeit fühlt sich der Kapha-Typ von Landwirtschaft und Handwerk angezogen. Seine Beharrlichkeit lässt ihn wissenschaftliche Projekte konsequent bis zum Ziel weiterverfolgen. Allerdings ist er immer wieder auf kreativen Input von seiner Umgebung angewiesen. In der Zusammenarbeit ist der Kapha-Typ zuverlässig, ausgleichend und liebenswert.

Wohnen:
Der Kapha-Typ braucht seine vertraute Umgebung. Er ist ein wahrhaftiger Nestbauer und liebt gemütliche Atmosphäre. Ein schöner Altbau, aber mit guter Heizung oder am besten mit offenem Kamin, ist für ihn genau das Richtige. Selbst in der Großstadt wird er sich den Stadt-

teil suchen, wo ihn der Bäcker noch beim Namen nennt. Umzüge sind ihm ein Gräuel. Die Entscheidung, etwas wegzuwerfen, fällt schwer. Nicht zuletzt, weil Kapha-Wohnungen die Tendenz zum »Zuwuchern« haben.

Freizeit:

Kapha-Typen sind wie Eichhörnchen. Ob Briefmarken, Münzen, Streichholzbriefchen oder Zeitschriften, nichts ist vor ihrer Sammelleidenschaft sicher. Trotz der Liebe zur Gemütlichkeit, etwas mehr Aktivität sollte sich der Kapha-Typ schon gönnen. Auch wenn die Überwindung erst mal schwer fällt, tut es ihm einfach gut, sich zu bewegen. Sein Durchhaltevermögen und seine körperliche Kraft weisen auf Ausdauersportarten hin.

Urlaub:

Auch für den kalten Kapha-Dosha ist Wärme sehr wohltuend. Etwas Luxus und Bequemlichkeit sollte schon vorhanden sein, also statt Zelt lieber ein bequemes Wohnmobil für den Kapha-Typ. Wandern gehen mit der Aussicht, im Anschluss in ein gemütliches Feinschmeckerlokal einzukehren, das ist für den Kapha-Typ genau das Richtige.

Partnerschaft:

Der Kapha-Typ ruht in sich selbst und ist ausgeglichen; deshalb kann er mit allen anderen Dosha-Typen eine erfüllte Beziehung eingehen. Er braucht aber viel Zuwendung und Sicherheit, sonst kann es passieren, dass er sich in seine eigene Gefühlswelt zurückzieht und in Depression verfällt. Einen liebevollen Partner wird er mit beständiger Zuneigung und Treue belohnen.

Es wird eher die Regel sein, dass unterschiedliche Konstitutionstypen in einer Familie zusammenleben. Das Wissen um die eigene Konstitution und die der anderen wird das gemeinsame Leben mit Sicherheit erleichtern. Gegenseitiges Verstehen ist die Voraussetzung für richtigen Umgang miteinander. Wenn wir begreifen, warum der andere sich auf bestimmte Weise verhält, können wir ihn besser akzeptieren. Der tägliche Kleinkrieg um Fenster auf oder Fenster zu, um früher oder später aufstehen, um Ordnung oder kreatives Chaos, um Urlaubsziele und unterschiedliche Interessen kann dann besser bewältigt werden.

Die Doshas in Raum und Zeit

Die Doshas im Raum

Alles, was existiert, besteht aus den fünf Elementen. Auch die Doshas gehen auf die Elemente zurück, und deshalb ist es möglich, auch in der Außenwelt die Qualitäten Vata, Pitta und Kapha wahrzunehmen.
Die klimatische Zone, in der wir leben, und die Landschaft, die uns umgibt, zeigen eine bestimmte Mischung der Doshas, die uns angenehm oder unangenehm beeinflusst. Vereinfacht kann man sagen:

- Heißes, trockenes Klima verstärkt Pitta.
- Feuchtes, kühles Klima verstärkt naturgemäß Kapha.
- Windiges, wechselhaftes Klima facht Vata an.

Eine schöne Quelle in einer feuchten Niederung erfrischt uns und stärkt Kapha, wohingegen der Aufstieg auf einen zugigen Gipfel unser Vata in Schwung bringt. Pitta hingegen können wir beim Sonnenbad zum Glühen bringen.

Jede Pflanze, jeder Baum, jede Substanz in der Natur hat ein bestimmtes Verhältnis der drei Grundkräfte, denn ebenso wie im Menschen sind auch hier die drei Doshas präsent. Sie zeigen sich in ein oder zwei charakteristischen Eigenschaften, die im Vordergrund stehen.

Auch unsere Aktivitäten lassen sich dementsprechend einordnen:

Lange Reisen fördern Vata. Deshalb fällt es nach einer solchen Fahrt oft schwer einzuschlafen, denn Vata ist aktiv und rumort im Inneren. Wenn wir hingegen den ganzen Tag faul herumsitzen und glauben, danach müssten wir frisch und wach sein, haben wir uns getäuscht. Zu viel Trägheit stärkt Kapha, und dies bedeutet, dass wir uns danach noch schwerer und träger fühlen. Wir fühlen uns vom Nichtstun müde. Pitta wird sehr leicht durch heiße Diskussionen entfacht. Vielleicht sind wir aus dem Gespräch als Sieger hervorgegangen, das Sodbrennen hinterher zeigt jedoch, unser Pitta ist zu gut in Schwung gekommen.

In diesem Sinne kann jeder erfahren, wie die Doshas am Wechselspiel der Befindlichkeiten beteiligt sind. Sie werden nach einiger Zeit feststellen, wie einfach das geht und wie es Ihnen hilft, sich selbst und Ihre Reaktionen besser verstehen zu lernen.

Die Jahreszeiten

Ein gutes Beispiel für die Veränderung der Dosha-Eigenschaften in der Zeit ist der Jahreslauf:

Kapha	entspricht	Frühling – März bis Juni
Pitta	entspricht	Sommer – Juli bis Oktober
Vata	entspricht	Spätherbst und Winter – November bis Februar

In den Übergangsphasen von einer Jahreszeit zur anderen reagieren die Doshas im Körper sehr empfindlich. Zu solchen Zeiten entstehen Erkältungskrankheiten und Grippewellen. Die Doshas haben sich auf die neue Situation noch nicht eingestellt, und das Gleichgewicht gerät leicht ins Kippen.

Jeder Wetterumschwung bringt eine neue Herausforderung. Wenn es im Sommer plötzlich nass und kalt wird, der Körper aber auf Hitze eingestellt ist, kommt es schnell zu einer »Verkühlung«.

Auch die ersten warmen Tage im Frühling können gefährlich werden. Unser Regelsystem empfindet die Temperatur als vergleichsweise warm, in Wirklichkeit ist es aber erst zehn Grad warm. Extreme Schwankungen wie der Gegensatz zwischen klimatisierten Räumen und tropischer Hitze vermögen das Gleichgewicht der Kräfte in unserem Körper zu kippen.

Um das Gleichgewicht zu bewahren, steuert das Dosha-Regelsystem die Bedürfnisse in einem gewissen Maß immer in die richtige Richtung. Oft achten wir nicht auf diese natürliche Regulierung. In der Regel haben wir bei sehr heißem Wetter weniger Appetit, denn Pitta ist bei Hitze schwächer. Im Winter hingegen haben wir ein Bedürfnis nach kräftigen, warmen Speisen, um das dominierende Vata auszugleichen und Kapha zu stärken.

Um die Anpassung an einen Jahreszeitenwechsel zu erleichtern, sollte die Regulierung mit entsprechenden Maßnahmen unterstützt werden. Eine Entschlackungskur im Frühjahr hilft dabei, den schweren Winter-Kapha aus dem Körper zu vertreiben.

Die Tageszeiten

Die Eigenschaften der Doshas zeigen sich auch in den verschiedenen Zeitperioden des Tages. Erfahrungsgemäß lassen sich folgende Zeiten für das Wirken der Doshas bestimmen:

2– 6 Uhr	Vata
6–10 Uhr	Kapha
10–14 Uhr	Pitta
14–18 Uhr	Vata
18–22 Uhr	Kapha
22– 2 Uhr	Pitta

Das Wissen um die natürlichen Rhythmen sollte uns nicht in einen zwanghaften Tagesablauf einzwängen. Doch oft entstehen Fragen wie: »Warum fühle ich mich jetzt nicht gut? Warum ist meine Stimmung so gedrückt?« Wenn wir dies nicht klar beantworten können, liegt meistens eine Störung unseres innewohnenden Zeitrhythmus vor.
»Morgenstund hat Gold im Mund«, heißt es im Sprichwort. Steht man zur Vata-Zeit auf, können die Vata-Qualitäten der Wachheit und Klarheit den ganzen Tag begleiten. Vielleicht genießen Sie auch gerne die frühen Morgenstunden und arbeiten konzentriert an Ihren geistigen Aufgaben. Oder Sie nutzen diese Zeit, wie traditionell in Indien, für Meditation und Entspannung. Wer später aufsteht, vielleicht sogar gegen Ende der Kapha-Zeit um zehn Uhr, kommt schwer in die Gänge, und das Gefühl von Müdigkeit und Schwere bleibt oft den ganzen Tag bestehen. Naturgemäß ist Pitta am stärksten, wenn die Sonne am höchsten steht; deshalb

kann auch die Mahlzeit zur Mittagszeit am besten verdaut werden.

Kennen Sie das: Um halb zehn abends sind Sie todmüde und wollen ins Bett gehen. Wenn Sie aber den Zeitpunkt verpasst haben, sind Sie wieder hellwach. Da Pitta jetzt wieder aktiviert ist, gehen Sie um halb elf an den Kühlschrank oder schlagen Ihren Freunden vor, man könnte doch noch essen gehen. Alle schauen Sie erstaunt an, denn Sie wollten doch schon vor einer Stunde ins Bett. Durch künstliche Beleuchtung und viele andere technische »Errungenschaften« haben wir uns von dem natürlichen Tageslauf immer mehr gelöst. Die Sonne ist nicht mehr der entscheidende Faktor für die Planung unserer Aktivitäten. Nur noch im Urlaub in einer einsamen Hütte haben wir dieses schöne Lebensgefühl, das sich einstellt, wenn wir von den ersten Vögeln vor Sonnenaufgang geweckt werden.

Nach entsprechender Aktivität wie Wandern sinken wir abends wohlig müde ins Bett, zu einer Zeit, in der uns oft das Fernsehen oder andere Anreize daran hindern, den Bedürfnissen unserer Doshas zu folgen. Die Doshas folgen nämlich weiterhin ihrem naturgemäßen Zeitablauf.

Die moderne Medizin hat erforscht, was die Ayurvediker schon lange wussten: Die Organe im Körper haben in ihrer Funktionsweise ihre eigenen Rhythmen, die an die Umdrehung der Erdkugel angepasst sind und deshalb circadiane Rhythmen genannt werden. Die Ayurvediker waren sich dieser Gesetzmäßigkeit bewusst und bauten darauf ihre Gesundheitslehre.

Die Lebensphasen

Während der verschiedenen Phasen unseres Lebens erleben wir uns als »Ich«, das sich eigentlich nie verändert. Die Erinnerung schafft eine Kontinuität, die eigentlich nicht vorhanden ist.
Der Körper verändert sich ständig durch Wachstum, Aufbau und Verfall, und unser Geist wandelt sich durch die neuen Erfahrungen, die uns prägen.
Der Ayurveda teilt das Leben in drei Phasen, die den Doshas zugeordnet sind:

1. Phase	0– 33	Aufbau und Wachstum	Kapha
2. Phase	34– 66	Aktivität nach außen	Pitta
3. Phase	67–100	Rückzug nach innen, spirituelle Entwicklung	Vata

1. Phase:
Mit der Kapha-Phase beginnt das Leben. Kapha ist zuständig für Aufbau und Entwicklung von Substanz. Leicht zu erkennen sind die Kapha-Eigenschaften bei einem Säugling. Ein Säugling hat pralle, runde Gliedmaßen, die ölig glänzen. Es wird viel Speichel und Schleim gebildet. Erkältungskrankheiten treten wesentlich häufiger auf als im Erwachsenenalter. Die beliebteste Geschmacksrichtung ist süß. Kohlenhydrate wie Brot, Nudeln, Grießbrei und Kartoffeln werden bevorzugt, da sie als Energielieferanten dem Wachstum und dem Substanzaufbau dienen.

2. Phase:
Die aufgebaute Kraft wird in der zweiten Lebensphase für die

Gestaltung der äußeren Welt eingesetzt. Man will beruflich etwas erreichen, sich seinen persönlichen Lebensbereich gestalten und die Kinder versorgen. Pitta fördert das gezielte, geplante Arbeiten und liefert genügend Energie für das Erreichen der gesteckten Ziele. Wird Pitta überbeansprucht, entstehen stressbedingte Erkrankungen wie Magenschleimhautentzündung, Verdauungsstörungen, Allergien.

3. Phase:
Der Lebensabschnitt des Alters erfährt gerade in den modernen Gesellschaften eine starke Abwertung. Der häufige Verlust von geistigen und körperlichen Kräften schließt den Menschen aus der aktiven Gesellschaft aus. Langjährige Verhaltensfehler zeigen sich in ihren Wirkungen, denn Vata bringt als aktives Prinzip die chronischen und degenerativen Erkrankungen zum Vorschein. Aus ayurvedischer Sicht ist es aber möglich, auch im Alter noch fit und gesund zu bleiben. Allerdings verändert sich die Zielrichtung der Aktivitäten: Ziel im Alter ist es, die geistige Entwicklung voranzutreiben, unterstützt durch den leichten, nach oben strebenden Vata. Das Alter ist die Zeit der Weisheit.

Irgendwann wird das Leben eines Menschen sein Ende finden und zu diesem Zeitpunkt sollte der Zugang zum inneren Selbst gefunden sein. Wer die Entwicklungschancen des Alters richtig nutzt, wird damit zum Ratgeber für seine Umgebung. Viele Studien haben gezeigt, dass die geistige Flexibilität im Alter nicht abnehmen muss; es ist nur – wie bei den Muskeln – ein regelmäßiges Bewegungstraining notwendig.

Die Beobachtung dieser Veränderungen hat wahrscheinlich mit zur Bildung des Dosha-Konzeptes beigetragen, denn jeder kann die Veränderungen in den einzelnen Lebensphasen an sich selbst wahrnehmen.
Wichtig ist, dass die Zeitangaben der Lebensphasen nicht als starre Grenzen betrachtet werden. Es gibt immer eine Übergangszeit, in der zwei benachbarte Doshas gleichermaßen präsent sind. Die Übergangszeit ist einerseits eine labile Phase, in der das Gleichgewicht besonders leicht kippen kann. Andererseits bietet sie auch die Chance einer gezielten Einflussnahme in die richtige Richtung. Es ist immer leichter, den Zug vor der Weiche auf das gewünschte Gleis zu bringen als danach.
Wer gesund und innerlich erfüllt leben will, der kann heute damit beginnen. Morgen können vielleicht schon die ersten Früchte der Bemühungen geerntet werden. Die zentrale Botschaft, die der Ayurveda mit dem Yoga gemeinsam hat, lautet:

Das Unglück, das noch nicht eingetreten ist,
kann vermieden werden.

Gesundheit und Krankheit

Man möge einen Lebensstil entwickeln,
durch den die Gesundheit bewahrt
und die noch ungeborene Krankheit vermieden wird.
Caraka 1.5.13

Der falsche, fehlende und übermäßige Gebrauch
von Zeit, Unterscheidungskraft, Sinnen und Objekten
ist für die Entstehung von Krankheiten verantwortlich.
Caraka 1.1.54

Gesundheit – Ein Leben in Harmonie

»Ruhen im Selbst«

Im Ayurveda bedeutet Gesundheit mehr als nur »sich wohl fühlen« oder »nicht krank sein«. Gesundheit ist ein Zustand von erweitertem Bewusstsein, in dem vollkommene innere Harmonie erlebt und Lebendigkeit, Wachheit, Wissen und Glück erfahren wird.

Svastha, das Sanskrit-Wort für Gesundheit, heißt übersetzt »Ruhen im Selbst«.

Die Seher im alten Indien erkannten das Selbst als einen Teil des kosmischen Bewusstseins. Ruht der Mensch in sich selbst, so erfährt er sich als Einheit und in Verbundenheit mit dem gesamten Kosmos.

Er spürt, dass alles mit allem zusammenhängt und er ein Teil des kosmischen Lebensstroms ist. Diese Verbundenheit befähigt ihn, Richtiges von Falschem zu unterscheiden und selbstverantwortlich und mit Achtung gegenüber sich selbst und seiner Umwelt zu handeln. Ein wirklich gesunder Mensch wird daher auch andere nicht verletzen.

Die Selbsterkenntnis wird im Ayurveda wie auch im Yoga als höchstes anzustrebendes Ziel gesehen. Das Selbst ist das geistige Prinzip des Menschen und steht für unsere Identität und Persönlichkeit. Eine gesunde Lebensweise gilt als unabdingbare Voraussetzung, um zur Selbsterkenntnis und zum »Ruhen im Selbst« zu gelangen.

Die Stimme der Intuition

Je weiter wir uns von uns selbst entfernen, desto weniger hören wir die Stimme aus den Tiefen unserer Seele. Im Ayurveda wird dieser Zustand als »Versagen der natürlichen Körper-Intelligenz oder der Unterscheidungskraft« bezeichnet. Einfacher ausgedrückt ist es ein Verlust der Intuition. Durch die ständige Überflutung unseres Verstandes mit Informationen, die gar nicht mehr verarbeitet werden können, lassen wir uns oft in unseren Entscheidungen von außen steuern, obwohl wir vielleicht »so ein Gefühl haben«, dass diese Entscheidung nicht richtig ist. Der Kopf ist so voll, dass uns die Stimme der Intuition nicht mehr erreichen kann. Umgekehrt kennt jeder Beispiele, wie sich Entscheidungen »aus dem Bauch heraus« – gegen jede Vernunft – als richtig herausstellten.

Die Veden betrachten das Leben als eine universelle Ganzheit, aus der alle Dinge hervorgehen und durch die alle Dinge und Ereignisse miteinander verbunden sind. Unsere Impulse aus dem Innersten entstehen aus dieser Verbundenheit mit dem Ganzen. Sie sind die Stimme der Intuition, durch die die Bedürfnisse unseres Geist-Körper-Systems spürbar werden. Der ayurvedische Gelehrte Caraka (1.28.36) schrieb: »Derjenige, der alles umfassend betrachtet, entwickelt eine natürliche Zuneigung zu dem, was ihm gut tut.«

Gesundheit ist Gleichgewicht

Gesundheit und Krankheit werden im Ayurveda durch das Verhältnis der drei Lebenskräfte, der Doshas Vata, Pitta und Kapha, bestimmt. Wenn der Mensch gesund ist, arbeiten alle drei Doshas harmonisch zusammen. In diesem Zustand des Gleichgewichts ist die Verdauung regelmäßig, der Stoffwechsel funktioniert reibungslos, die Gewebe sind frei von Giftstoffen, wir fühlen uns psychisch ausgeglichen, glücklich und geistig wach. Befindet sich ein Mensch in *seinem* Gleichgewicht, d.h. im Gleichgewicht seiner Grundkonstitution, so werden für ihn die positiven Eigenschaften des oder der vorherrschenden Doshas erfahrbar. Wie sich das Gleichgewicht der Doshas für den jeweiligen Konstitutionstyp äußert, zeigt die folgende Übersicht:

- **Vata** Ist der Vata-Dosha im Gleichgewicht, sprühen Menschen dieses Konstitutionstyps vor Energie. Ihre kreative Veranlagung zeigt sich in Ideenreichtum und ausgeprägter Wahrnehmung von Details. Sie sind gute Teamarbeiter, gehen auf andere Menschen ein und sind anpassungsfähig. Sie beeindrucken durch Redegewandtheit, mitreißende Begeisterungsfähigkeit und überschäumende Heiterkeit. Mit schneller Auffassungsgabe, gutem Reaktionsvermögen und positivem Denken treiben sie Entwicklungen und neue Projekte voran. Ihre Augen sind lebendig und wach, die Bewegungen flink, und ihr Immunsystem funktioniert ausgezeichnet.
- **Pitta** Ist der Pitta-Typ im Gleichgewicht, hat er eine hohe Differenzierungsgabe und trifft schnelle und kla-

re Entscheidungen. Er ist ein hervorragender Redner, ausdrucksstark und überzeugend in seinen Argumenten. Zielstrebig und erfolgreich verwirklicht er alles, was er will. Im Team wird er in der Regel eine führende Position haben und durch sein warmes, freundliches Verhalten und sein kompetentes Wissen anerkannt sein. Sein Verhalten ist zuvorkommend und humorvoll. Im ausgeglichenen Zustand ist seine Haut klar, leuchtend und zart.

- **Kapha** Das Gleichgewicht des Kapha-Typs drückt sich in innerer Ruhe und Stärke aus. Methodisch und behutsam geht er den Dingen auf den Grund und besticht durch ein gutes Langzeitgedächtnis. Er ist loyal und konsequent in seiner Haltung gegenüber anderen. Im Umgang mit seinen Mitmenschen ist er liebevoll, geduldig, hilfsbereit und nicht nachtragend. Hingabe und Treue zeichnen sein Verhalten in der Partnerschaft aus. Sein Körper ist kräftig und gut proportioniert, seine Haut seidig und die Stimme angenehm.

Das Wissen um die Eigenschaften von Vata, Pitta und Kapha ist der Schlüssel zum Verständnis von Gesundheit und Krankheit. Wie drücken sie sich auf physischer und psychischer Ebene aus und wie reagieren sie auf unterschiedliche Einflüsse? Um diese Frage beantworten zu können, muss man sich selbst gut kennen, sich jeden Tag neu beobachten und seine Erfahrungen einordnen. Die Doshas sind unsere Lebenskräfte, die sich in einem ständigen Fluss von Aktion und Reaktion befinden. Alles, was wir denken und sagen, was wir fühlen und tun, was wir essen und trinken, hat Einfluss auf unser gesamtes Befinden und Handeln.

Alles Leben im Universum entsteht aus der Einheit und ist miteinander verbunden. Aus dieser Erkenntnis lehrt der Ayurveda, dass unsere seelischen und körperlichen Vorgänge nur Ausdrucksformen dieses universellen Lebensprozesses sind. Ayurvedisch zu leben bedeutet demnach: Sensibilität für unsere Wahrnehmungen entwickeln, Zusammenhänge erkennen und entsprechend handeln. Das erfordert einen hohen Grad an Achtsamkeit – eine Achtsamkeit, die sich in allen unseren Ausdrucksformen widerspiegeln sollte. Das gilt in besonderem Maße für die Kommunikation mit der Sprache.

Sprache ist weit mehr als eine Aneinanderreihung von Wörtern zum Zwecke der Information. Und ein Wort ist weit mehr als eine Folge von Buchstaben. Jedes Wort ist auch Klang oder Ton und kommt als harmonische oder disharmonische Schwingung bei uns und unserem Gegenüber an. Ein alter ayurvedischer Text erklärt, dass allein die Namensnennung eines Feindes feinste negative Schwingungen bei demjenigen erzeugt, der ihn ausspricht.

Ein Wort, das wir aussprechen, drückt nicht nur ein Gefühl aus, sondern es erzeugt in uns durch seinen Inhalt eine Schwingung, eine Resonanz. Über diese Schwingung transportiert es die ursprüngliche Bedeutung des Wortes. Richten wir unsere Aufmerksamkeit auf gängige Redewendungen, wird deutlich, wie unachtsam oft mit Sprache umgegangen wird.

Hinter Aussagen wie »Das macht mich ganz krank« oder »Ich werde noch wahnsinnig« steht natürlich nicht die ernsthafte Absicht, wirklich krank oder wahnsinnig zu

werden. Und doch hinterlassen solche leicht dahergesagten Worte sehr subtile, negative Energiemuster in uns, Schwingungen, die mit der Zeit zu Veränderungen führen können.
Auch wenn wir ein Wort unachtsam zweckentfremden, wird es unterschwellig immer noch seine ursprüngliche Bedeutung transportieren. Die Aussage »Das ist ja wahnsinnig schön« wird von unserem Kopf wohl richtig verstanden und als eindeutig eingeordnet. Wer aber mit Gefühl und Intuition hinhört, wird »fühlen«, dass die Aussage widersprüchlich ist.
Ein bewusster, achtsamer Umgang mit Sprache dient der inneren und äußeren Klarheit und damit der Gesundheit. Welche große Kraft Worte besitzen, erfährt man auch beim Klang von Worten der Liebe, Zuwendung und Anerkennung, die durch ihre harmonischen Schwingungen beruhigen, ja sogar heilen können. Welche Bedeutung die indische Heilkunst den Klängen für einen Heilprozess beimisst, wird in dem Kapitel über Klang beschrieben (siehe Seite 153 ff.).
Alles, was wir wahrnehmen, erreicht uns im Wesentlichen über die fünf Sinne. Darum gilt ein großer Teil des umfassenden Kataloges der ayurvedischen Lebensregeln der täglichen Körper- und Sinnespflege. Sie ist die Grundlage für Gesundheit. Dazu gehören die Ölmassagen für den ganzen Körper, die richtige Nutzung der Sinnesorgane und natürlich die Pflege von Haut, Haaren und Nägeln.
Weiterhin reichen die Empfehlungen der ayurvedischen Lebenslehre vom rechten Umgang mit Schlaf, Ernährung, Genussmitteln und Sexualität bis hin zu Kleiderwahl und ethischer Lebensweise. Doch allen Empfehlungen liegt

letztlich immer ein Gedanke zugrunde: den Menschen zu Selbstverwirklichung und geistiger Klarheit zu verhelfen. Natürlich erfordert es am Anfang Disziplin, diese Empfehlungen in einen normalen Alltag zu integrieren. Das soll aber keinesfalls das Hauptanliegen sein. Vielmehr geht es darum, das Leben in all seinen Ausdrucksformen ganz bewusst zu erfahren und »wahr«-zunehmen, um damit die Unterscheidungskraft zu schulen und durch sie zum richtigen Handeln zu finden.

Dhatus – Die sieben Körpergewebe

Um bewusst und klar wahrnehmen zu können, braucht der Mensch einen gesunden, reinen Körper, der durchdrungen ist von vitaler Lebensenergie. Für jede Art von Aktivität braucht der Körper Energie, die selbst im Ruhezustand für die Funktion der Organe und die Wärmeproduktion nötig ist. Energielieferant ist die Nahrung. Durch die Verdauung wird die Nahrung in körpereigene Substanzen umgewandelt. Richtige Ernährung und ein gut funktionierender Verdauungsprozess spielen daher für die Erhaltung der Gesundheit eine wichtige Rolle.
Pitta ist das Prinzip der Umwandlung und Transformation und für das »Verdauungsfeuer« (Agni) verantwortlich. Wie stark das Verdauungsfeuer ist, hängt von verschiedenen Faktoren ab wie individueller Konstitution, allgemeinem Gesundheitszustand, Uhrzeit, Wetter, vorheriger Mahlzeit, aktueller Situation.
Das Verdauungsfeuer reagiert unmittelbar auf jegliche Einflüsse. Wird es in seiner Funktion gestört, durch Ärger, Aufregung und hastiges Essen, verwandelt sich

selbst die beste Nahrung in gesundheitsschädigende Schlackenstoffe. Die aus den Schlacken entstehenden Giftstoffe setzen sich im Laufe der Zeit in den verschiedenen Körpergeweben ab.
Der Energielieferant Nahrung versorgt alle Gewebe des Körpers. Je nach seiner Funktion bezieht das Gewebe daraus seine Kraft, Festigkeit oder Elastizität. Der Ayurveda bezeichnet die Gewebe als Dhatus, »körpertragende Prinzipien«. Der Umwandlungsprozess der Nahrung und die Versorgung der Gewebe wird in sieben Stufen beschrieben.

Stufe 1: Plasma, Zellflüssigkeit
Stufe 2: Blut
Stufe 3: Muskulaturgewebe
Stufe 4: Fettgewebe
Stufe 5: Knochen
Stufe 6: Knochenmark
Stufe 7: Fortpflanzungszellen

Der gesamte Prozess der Nahrungsverarbeitung und -verteilung in allen Geweben erstreckt sich aus ayurvedischer Sicht über dreißig Tage. Tritt während dieses Prozesses in einer der sieben Umwandlungsstufen eine Störung auf, werden alle nachfolgenden Dhatus geschwächt. Das bedeutet: Eine Mahlzeit, die Ihnen nicht gut getan hat, kann noch nach dreißig Tagen Ihr Befinden beeinträchtigen.

Ojas – Die Lebensenergie

Mit den sieben Dhatus wird die Umwandlung der Nahrung auf der körperlichen Ebene beschrieben. Aber der wesentliche Anteil dieses Prozesses findet im nichtmateriellen Bereich statt, denn das aus der Nahrung entstehende Endprodukt ist die Lebensenergie, Ojas. Ohne Ojas könnte der Körper keinen Augenblick existieren. Alle seine Aktivitäten werden aus dieser Lebensenergie gespeist. Auch die drei Doshas Vata, Pitta und Kapha sind ein Bestandteil dieser einen Lebenskraft, die alles durchdringt.

- Eine vitale Lebensenergie kann man sehen und spüren: in glänzenden, strahlenden Augen, in einer anziehenden Persönlichkeit, in einer stabilen Gesundheit, in Lebensfreude, Lebensmut und geistiger Klarheit.
- Ein Mangel an Lebensenergie drückt sich aus durch: Immunschwäche, ständiges Kränkeln, Furchtsamkeit, Angst, Kraftlosigkeit, Schwäche, Mutlosigkeit, Konzentrationsschwäche, Untergewicht, fehlenden Glanz.
- Störung der Lebensenergie entsteht durch: Überarbeitung, Sorgen, Kummer, Fehl- und Unterernährung, Drogen, Alkohol, Rauchen, Schlafmangel, übertriebene sexuelle Betätigung, Umweltverschmutzung.
- Eine Stärkung der Lebensenergie wird erreicht durch: eine Lebensweise im Rhythmus mit der Natur, Kontakt mit den Elementen in der Natur (in klarem Wasser schwimmen, frische Luft atmen, Sonne auf der Haut spüren, Erde mit nackten Füßen spüren), Regelmäßigkeit von Aktion und Ruhe, geistige Qualitäten wie Mitgefühl, Liebe, Geduld und Glaube, Meditation und

Yoga, hochwertige Nahrung und typgerechte Ernährung, stärkende Nahrungsmittel wie Milch, geklärte Butter (Ghee), Honig.

Srotas – Die sieben Körperkanäle

Der menschliche Körper ist ein dynamisches System, das aus vielen »Kanälen« besteht. Im Sanskrit heißen diese Kanäle Srotas, abgeleitet von »sru«, »fließen, strömen«. Durch die Srotas fließen Substanzen und Energien, die unter anderem die Gewebe und Organe versorgen. Die Srotas der materiellen Körperebene übernehmen den Transport von Luft, Nahrung, Flüssigkeit und Blut. Dies können wir mit dem Wissen der modernen Medizin nachvollziehen.

Darüber hinaus gibt es allerdings Kanäle, die dem Transport von Lebensenergie, Ojas, und von Gedanken dienen. Die Srotas sind einerseits materielle Kanäle wie Adern oder Kapillaren, andererseits sind sie auch ein feinstoffliches Leitsystem, das sich dynamisch an erforderliche Veränderungen anpasst. Ihr Netzwerk ist eine flexible Matrix, die auf feinste innere und äußere Schwankungen reagiert.

In der ayurvedischen Heilkunst heißt es, dass derjenige, der mit dem Strom des Lebens fließt, der offen und flexibel ist und keine Veränderungen fürchtet, seine Gesundheit stabil erhalten kann.

Krankheit – Die Störung des Gleichgewichts

Die Entstehung von Krankheit

Der Ayurveda nennt zwei wesentliche Ursachen für die Entstehung von Krankheit.

1. Fehler im Verhalten: Wir achten nicht darauf, was gut für uns ist.
2. Fehler im Denken: Uns erscheint falsches Verhalten als richtig.

Auf die Dauer bringt das falsche Denkverhalten unser Dosha-Regelsystem durcheinander. Auch die moderne Medizin hat inzwischen erkannt, dass sehr viele Krankheiten psychosomatischen Ursprungs sind. Das heißt, unser Denken, Fühlen und Wahrnehmen prägen unseren Gesundheitszustand. Es gibt körperliches Leiden und geistiges Leiden. Beides gilt es, durch Lebensführung, ärztliche Therapie und Einfühlungsvermögen zu überwinden. Leiden ist aus der Sicht des Ayurveda ein Herausfallen aus der Ordnung, ein Ungleichgewicht, das im Kräftespiel des Körpers entstanden ist.
Einer gesunden Lebensweise zu folgen bedeutet aber nicht, dass wir uns keinen Belastungen aussetzen sollen. Ganz im Gegenteil: Herausforderungen annehmen, sich den täglichen Anforderungen stellen und über die eigenen Grenzen hinauswachsen fördert die Kreativität und den Spaß am Leben. Wichtig ist, den eigenen

Rhythmus zwischen Aktivität und Ruhe für sich herauszufinden. Innerhalb bestimmter Grenzen ist der Mensch fähig, sich unterschiedlichen Belastungen anzupassen. Geraten die Doshas kurzfristig aus dem Gleichgewicht, z.B. durch Ärger, Klimawechsel oder eine durchgefeierte Nacht, können die Selbstheilungskräfte eines gesunden Menschen das natürliche Gleichgewicht wiederherstellen. Wird allerdings die individuelle körperliche und seelische Belastungsfähigkeit über eine längere Zeitspanne hinweg überschritten, werden die Selbstheilungskräfte überfordert, das Ungleichgewicht der Doshas bleibt bestehen, und der Überschuss der gestörten Doshas beginnt sich in Körpergeweben und Organen zu manifestieren. Störungen der natürlichen Ordnung können entstehen durch ungesunde Ernährung, körperliche und geistige Dauerbelastung, negatives Denken und Fühlen und Umweltbelastungen wie Lärm und schlechte Luft. Doch auch die Konfrontation mit realer Aggression und Negativität sowie mit Gewaltdarstellungen in den Medien erzeugt negative Energien, die krank machen können.

Der Verlauf einer Dosha-Störung bis hin zur Krankheit wird im Ayurveda in sechs Phasen eingeteilt, nach denen sich Umfang und Art einer Therapie richten.

1. *Ansammlung:* Im ersten Stadium einer aufkeimenden Krankheit sammelt sich ein Dosha zunächst an »seinem Platz« im Körper – Vata im Unterbauchbereich, Pitta im Oberbauchbereich, Kapha im Brustraum. Die ersten Symptome werden oft übersehen oder nicht ernst genommen. Mögliche Anzeichen sind:

- Vata: harter Stuhlgang, Unruhe
- Pitta: Übersäuerung des Magens, Ärger
- Kapha: körperliche oder geistige Trägheit

2. *Provokation:* Wird der überhöhte Dosha nicht erkannt und ausgeglichen, so steigt er weiter an. Die doshaspezifischen Anzeichen einer Störung mehren sich.
   - Vata: Verstopfung, Austrocknen des Körpers, Verspanntheit
   - Pitta: leichte Magenschmerzen, ständige Gereiztheit
   - Kapha: großes Schlafbedürfnis, Schwermut

   Die eigene Einschätzung der Störung: »Irgendetwas stimmt nicht ganz mit mir.«
3. *Ausbreitung:* Der überschüssige Dosha breitet sich in den ganzen Körper aus. Weitere Beschwerden kommen dazu.
   - Vata: Abgespanntheit, Unkonzentriertheit, Ängstlichkeit, Schmerz
   - Pitta: Brennender Urin, entzündete Schleimhäute, Streitsucht
   - Kapha: Übelkeit, stumpfe Haare, niedergeschlagene Stimmung

   Die eigene Einschätzung der Störung: »Ich glaube, ich werde krank.«
4. *Lokalisierung:* Der überschüssige Dosha sucht sich ein Ventil in einem bereits geschwächten Körpergewebe oder Körperorgan. Es werden erste Anzeichen von Krankheitssymptomen an den betroffenen Körperteilen spürbar.

   Eigene Einschätzung: »Ich fühle mich krank.«
5. *Manifestation:* Die konkrete Krankheit bricht aus.
6. *Differenzierung:* In diesem Stadium entscheidet sich,

ob Heilung, Beeinträchtigung in Form von chronischen Beschwerden oder Tod eintritt.

Alle Entwicklungsstadien eines gestörten Dosha werden in der ayurvedischen Heilkunde detailliert beschrieben. Ein erfahrener Ayurveda-Arzt kann durch eine ganzheitliche Diagnose das jeweilige Stadium der Dosha-Störung genau bestimmen und eine entsprechende Therapie wählen.
Achten Sie auf die Anzeichen Ihres Körpers. Eine kleine Störung, die sich über längere Zeit erstreckt, ist die mahnende Stimme Ihrer Doshas, die Ihnen etwas mitteilen will.

Die ganzheitliche Diagnose

In der therapeutischen Praxis verschafft sich der Ayurveda-Arzt zunächst einen umfassenden Gesamteindruck vom Zustand des Patienten.
Es reicht dem Ayurveda-Arzt nicht, zu wissen, *welche* Krankheit jemand hat, sondern ihm ist wichtig, *wer* die Krankheit hat.
Die Dosha-Bestimmung ist dabei die Grundlage für Diagnose und Behandlung. Mit hoher Konzentration auf seine Sinneswahrnehmungen wird der Arzt bei der Erstdiagnose folgende acht Bereiche untersuchen: das allgemeine Äußere, die Stimme, die Haut, das Sehvermögen, den Stuhlgang, den Urin, die Zunge und den Puls.
Dazu kommt eine intensive Befragung des Patienten, die alle Aspekte der gegenwärtigen und vergangenen Lebensumstände einbezieht. Kleinste Anzeichen einer

Befindlichkeitsstörung werden als Signale einer bestimmten Dosha-Störung registriert.
Aufkeimende Krankheitsprozesse werden so in einem sehr frühen Stadium erkannt. So kann die Entstehung einer Krankheit mit vorbeugenden Maßnahmen vermieden werden.
Eine besondere Form der ganzheitlichen Untersuchung ist die ayurvedische Pulsdiagnose.
Dabei ertastet der Arzt an verschiedenen Körperstellen den arteriellen Puls. In Stärke und Rhythmus drückt sich hier die Gesamtaktivität der Doshas aus. Ein erfahrener Arzt mit viel Feingefühl kann durch den Puls nicht nur den Konstitutionstyp bestimmen, sondern auch erste Anzeichen eines Ungleichgewichts erkennen. Ayurvedische Meister der Pulsdiagnose können durch langjährige Praxiserfahrung sogar die entsprechende Krankheit genau erkennen.

Den eigenen Puls fühlen

Für jeden Interessierten ist es möglich, die »ayurvedischen Pulse« Vata, Pitta und Kapha am eigenen Handgelenk zu erspüren. Dabei ist der Puls für die Frau eindeutiger am linken Handgelenk fühlbar, da die linke Körperseite im Ayurveda als die »weibliche, intuitive Seite« gilt. Umgekehrt ist die rechte Seite die »männliche, rationale Seite«, weshalb der Mann den Puls eindeutiger am rechten Handgelenk spürt.

- Drehen Sie Ihren Arm so, dass die Handinnenfläche nach oben zeigt.

- Umgreifen Sie mit der anderen Hand von unten das Handgelenk.
- Legen Sie den Zeigefinger unterhalb des kleinen, hervorstehenden Gelenkknochens an. Positionieren Sie den Zeigefinger in die dabei ertastete Mulde.
- Legen Sie Mittelfinger und Ringfinger neben den Zeigefinger.

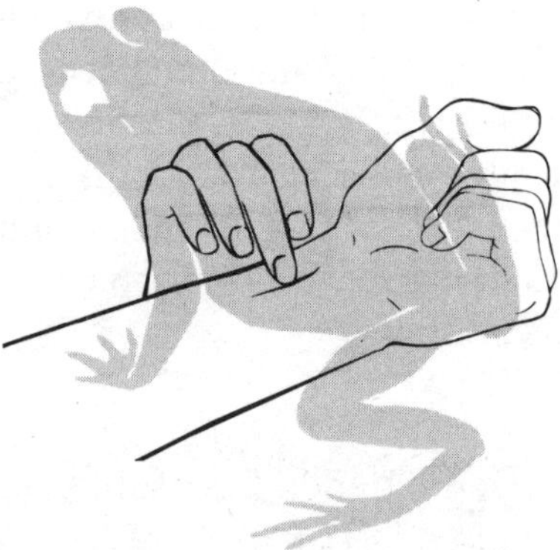

Der Mittelfinger spürt den Pitta-Puls. Üben Sie mittleren Druck aus und konzentrieren Sie sich auf den Mittelfinger. Die Bewegung des Pitta-Pulses wird als hüpfend empfunden und gleicht der Fortbewegung des Frosches.

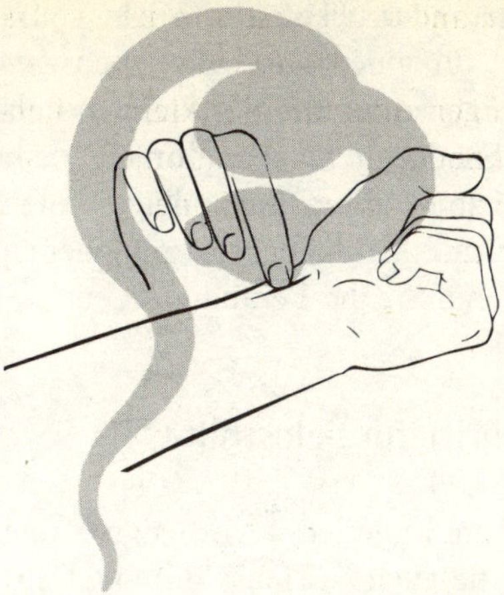

Der Zeigefinger spürt den Vata-Puls. Üben Sie mit dem Finger sanften Druck aus und konzentrieren Sie sich auf den Zeigefinger. Die Bewegung des Vata-Pulses wird als gleitend und schlängelnd empfunden.

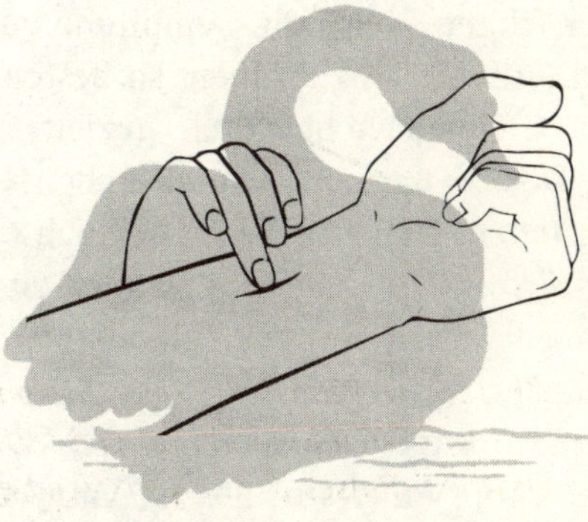

Der Ringfinger spürt den Kapha-Puls. Üben Sie starken Druck aus und konzentrieren Sie sich auf den Ringfinger. Der Kapha-Puls ist gleichmäßig, wellenförmig und wird mit der Fortbewegung des Schwanes verglichen.

Lassen Sie alle drei Druckphasen für einige Sekunden anhalten.

Sind die Pulse in allen drei Druckphasen leicht spürbar, ist das ein Zeichen für einen ausgeglichenen Zustand. Lernen Sie durch Erfahrung, Ihren jeweiligen Puls einzuschätzen. Fühlen Sie jeden Morgen für ein paar Sekunden vor dem Frühstück Ihren Puls. Wiederholen Sie während des Tages das Pulsfühlen in verschiedenen Situationen und registrieren Sie die Veränderungen.

Der erste Schritt zur Selbsthilfe

Der Ayurveda bietet umfangreiche Vorbeuge- und Selbsthilfemaßnahmen, die auch zu Hause durchgeführt werden können. Die ersten kleinen Anzeichen von Unwohlsein können Vorboten einer Krankheit sein. Erkennt man in einer frühen Phase die Symptome einer Dosha-Störung und lernt sie einzuordnen, so besteht die Möglichkeit, das Gleichgewicht durch gezielte Ernährung und eine die Doshas harmonisierende Lebensweise selbst wiederherzustellen. Dabei sollte man beachten, dass ein anhaltender Erfolg nur dann gewährleistet ist, wenn man nicht nach der Heilung in alte, krank machende Verhaltensmuster zurückfällt.
Die meisten Störungen entstehen durch die extreme Reizung von Vata. Von Natur aus ist Vata bereits aktiv und unruhig. Wird Unruhe und Aktivität ständig »hinzugefügt«, gerät Vata völlig aus den Fugen. Daher leiden viele Menschen unter Stress und chronischen Spannungen, die sich mit der Zeit zu typischen Vata-Störungen wie Schmerzen in Rücken und Gelenken, Kopfschmerzen, Verstopfung, Nervosität und Unkonzentriertheit entwickeln. Kreative Anspannung ist erlaubt, aber Ge-

lassenheit ist notwendig, um mit dem Fluss des Lebens zu schwimmen und nicht mit großer Anstrengung dagegen.

Nehmen Sie sich jeden Tag eine Stunde Zeit – Zeit, in der Sie nicht gestört werden, in der Sie sich nichts Besonderes vornehmen. Genießen Sie es, bei sich zu sein. Hören Sie ruhige, entspannende Musik oder, falls Sie es gelernt haben, praktizieren Sie Entspannungsübungen oder Meditation. Wenn Sie solche Situationen des Innehaltens regelmäßig in Ihren Tagesplan einbauen, werden Sie spüren, wie Sie mehr in sich selbst ruhen, wie Sie Kraft für alle Ihre Aktivitäten sammeln.

Geben Sie sich zunächst Zeit, die Grundlagen der ayurvedischen Lehre zu erfassen und insbesondere die Drei-Dosha-Lehre zu verstehen. Diese Auseinandersetzung wird Ihnen helfen, die Aufmerksamkeit für alle Lebensprozesse zu intensivieren, und insbesondere dazu beitragen, Umstände, die Ihnen im Alltag Probleme bereiten, zu erkennen und zu vermeiden.

Nachstehend finden Sie einige Tipps zur Selbstdiagnose und Selbsthilfe, um Ihr Gleichgewicht wiederherzustellen

Selbstdiagnose

- *Bestimmen* Sie Ihren Konstitutionstyp anhand der Dosha-Tests (S. 36 ff.). Richten Sie Ihre Konzentration ganz auf sich selbst. Kreuzen Sie die Eigenschaften an, in denen Sie sich wiederfinden. Beurteilen Sie hierbei den Zustand, in dem Sie sich ausgeglichen und gesund gefühlt haben. Seien Sie dabei ehrlich zu sich selbst.

- *Fühlen* Sie sich in Ihren Körper ein, betrachten Sie Ihr Äußeres und bestimmen Sie, welche Veränderungen auf körperlicher, psychischer und geistiger Ebene vorgegangen sind.
- *Sprechen* Sie mit Familienangehörigen oder Freunden, welche Veränderungen sie an Ihnen bemerkt haben.
- *Analysieren* Sie mit Hilfe der Dosha-Störungs-Tests (S. 50 ff.), welche Anzeichen eines gestörten Dosha zutreffen. Oft treten die Störungen bei den vorherrschenden Doshas auf.
- *Klären* Sie, welche möglichen Ursachen Ihre Doshas aus dem Gleichgewicht gebracht haben (S. 84 ff.). Wie lange fühlen Sie sich schon krank oder unwohl? Gab es ein Ereignis, das Sie sehr beschäftigt hat?

Selbsthilfe

- *Entscheiden* Sie sich für eine gesunde Lebensweise. Allein diese Entscheidung wird Ihnen Energie und Freude schenken und die Selbstheilungskräfte Ihres Körpers anregen.
- Gönnen Sie sich *Zeit* für sich selbst. Versuchen Sie, wann immer es geht, zur Ruhe zu kommen. Beschäftigen Sie sich mit Dingen, die Ihnen echte Freude bereiten.
- *Beruhigen* Sie den gestörten Dosha mit entsprechenden Maßnahmen. Lesen Sie hierzu das Kapitel, das auf die Dosha-Harmonisierung eingeht (siehe Seite 40 ff.).
- *Erstellen* Sie Ihr ganz persönliches »Wohlfühl-Programm«. Am besten notieren Sie sich alle Punkte und stellen eine Einkaufsliste zusammen. Beginnen Sie Ihr Programm an einem Tag, an dem Sie viel Zeit für sich

selbst haben. Versuchen Sie Ihr Programm schrittweise in den Alltag zu integrieren.

- Wählen Sie die Lebensmittel aus, die beruhigend auf den gestörten Dosha wirken. Vermeiden Sie jede *Nahrung*, die den gestörten Dosha noch zusätzlich reizt (siehe Seite 177 ff.).

Erkennen einer Dosha-Störung

Eine Dosha-Störung zeigt sich nicht gleich in einer Krankheit, sondern in ersten, kleinen Symptomen, in Störungen im Wohlbefinden, die auf ein beginnendes Ungleichgewicht hinweisen. Mit dem Ausgleichen der Doshas wird die Wurzel jeder Störung beseitigt. Wenn die Doshas wieder richtig arbeiten, können auch die Selbstheilungskräfte optimal wirken.

Fühlen Sie sich einmal unwohl und möchten herausfinden, welcher Dosha gestört ist, können Ihnen die folgenden Tests dabei helfen. Krankheiten hingegen, die durch schwere Dosha-Störungen hervorgerufen wurden, können nur von einem Ayurveda-Arzt diagnostiziert werden. Bei den folgenden Tests gilt es, zu einer möglichst genauen Einschätzung der gegenwärtigen Situation zu kommen. Verharmlosen Sie daher Ihr Unwohlsein nicht, aber dramatisieren Sie es auch nicht.

Je nach Einschätzung Ihrer Situation geben Sie auch bei diesem Test wieder eine Punktwertung ab. Beantworten Sie alle Fragen, die gestellt werden. Bei jeder Frage können Sie 0–5 Punkte vergeben. 0 Punkte bedeuten, dass die Aussage überhaupt nicht auf Sie zutrifft. 5 Punkte bedeuten, dass die Aussage vollständig auf Sie zutrifft.

Können Sie sich bei einigen Aussagen nicht zwischen Ja und Nein entscheiden, weil sie mal mehr, mal weniger zutreffen, wählen Sie einen Punktwert auf der Werteskala zwischen 1 und 4.

Auswertung

Wenn Sie bei allen Doshas weniger als 10 Punkte haben, dann fühlen Sie sich wahrscheinlich richtig wohl in Ihrer Haut.
Ein Wert zwischen 10 und 15 Punkten ist noch kein Grund, an eine akute Störung des Dosha zu denken. Trotzdem können Sie auch dann das Gleichgewicht stärken, damit es in Zukunft gar nicht erst so weit kommt.
Wenn das Ergebnis zwischen 15 und 30 Punkten liegt, sollten Sie durch gezielte Maßnahmen den gestörten Dosha wieder ausgleichen. Manchmal greifen einfache Maßnahmen schnell, Sie fühlen sich schon nach wenigen Tagen viel besser.
Liegt bei einem oder mehreren Doshas Ihr Ergebnis bei über 30 Punkten, spüren Sie sicher schon über längere Zeit ein massives Unwohlsein. Sie sollten einen Ayurveda-Arzt besuchen, der Ihnen einen Weg zeigt, wie Sie durch eine geeignete Lebensführung das Gleichgewicht wiederherstellen können. Die Veränderungen sind in diesem Fall nicht zu schnell zu erwarten, denn manches Ungleichgewicht ist über einen Zeitraum von mehreren Monaten oder sogar Jahren entstanden. Der Körper braucht seine Zeit, bis er reagiert und sich auf einer neuen Ebene des Gleichgewichts etabliert.
Machen Sie sich aber nicht zu große Sorgen wegen des Testergebnisses, denn Sorgen und Ängste verstärken

Vata und können die Situation noch verschlechtern. Ein Test ist immer nur ein Spiegel, der zeigt, wo man gerade steht.

Um die Aufmerksamkeit für das eigene Befinden zu schulen, können Sie den Test öfter wiederholen. Dadurch werden Sie bald selbst erkennen können, welcher Dosha harmonisiert werden muss.

Wie Sie die Doshas ausgleichen können, erfahren Sie in den folgenden Checklisten. Detailliertere Informationen erhalten Sie in den weiteren Kapiteln.

Test für die Vata-Störung

Einschätzung	Ja	Mehr oder weniger	Nein
Punktbewertung	5	4 bis 1	0
Ich fühle mich in letzter Zeit häufiger unruhig und nervös.			
Ich habe öfter so viele Gedanken, dass ich mich nicht richtig konzentrieren kann.			
Laute Geräusche stören mich in letzter Zeit besonders.			
Mir wird öfter schwindlig, als es normalerweise der Fall ist.			
Ohne bewusst etwas in meiner Ernährung verändert zu haben, habe ich Gewicht verloren.			
Meine Haut ist zurzeit besonders druckempfindlich.			
Meine Haut ist gerade besonders trocken und wird leicht rissig.			
Öfter tun mir meine Gelenke weh, oder ich bekomme Krämpfe.			
Ich fühle mich häufig steif und verspannt.			
In letzter Zeit habe ich öfter Kopfdruck bzw. Kopfschmerzen.			
Mein Appetit ist sehr unregelmäßig.			
Ganz häufig vergesse ich, ausreichend zu trinken.			
Zählen Sie Ihre Punkte zusammen			
Gesamtpunktzahl			

Test für die Pitta-Störung

Einschätzung	Ja	Mehr oder weniger	Nein
Punktbewertung	5	4 bis 1	0
In letzter Zeit bin ich besonders ungeduldig und reizbar.			
Manchmal brennt bei mir eine Sicherung durch, und ich werde bei kleinen Anlässen wütend.			
Ich bin gerade besonders empfindlich gegenüber hellem Licht.			
Mir wird in letzter Zeit sehr schnell zu heiß.			
Außerdem schwitze ich auch ohne besondere Anstrengung oder Anspannung.			
Meine Haut ist stärker gereizt als sonst.			
Öfter fühle ich ein Brennen auf der Haut oder in den Gelenken.			
Ich bekomme leicht Sodbrennen.			
Ich leide unter Mundgeruch.			
Bei schwülem Wetter oder Föhn geht es mir richtig schlecht.			
Durch meinen starken Appetit esse ich öfter so viel, dass ich mich hinterher nicht gut fühle.			
Manchmal befällt mich ein unstillbarer Durst.			
Zählen Sie Ihre Punkte zusammen			
Gesamtpunktzahl			

Test für die Kapha-Störung

Einschätzung	Ja	Mehr oder weniger	Nein
Punktbewertung	5	4 bis 1	0
In letzter Zeit fühle ich mich häufig müde, obwohl ich genug geschlafen habe.			
Öfter habe ich zu nichts Lust.			
Obwohl es keinen äußeren Grund gibt, fühle ich mich niedergeschlagen.			
Am Morgen brauche ich lange Zeit, bis ich in die Gänge komme.			
Ich esse nicht anders als sonst, habe aber einige Kilo zugelegt.			
Abends habe ich öfter Wasseransammlungen in den Beinen und den Füßen.			
Ich leide in letzter Zeit besonders unter Schuppenbildung.			
Wenn ich morgens aufwache, komme ich mir richtig verquollen vor.			
Ich bin häufiger erkältet als sonst.			
Bei nasskaltem Wetter fühle ich mich extrem unwohl.			
Manchmal habe ich überhaupt keinen Appetit.			
Ich neige zu Verstopfung.			
Zählen Sie Ihre Punkte zusammen			
Gesamtpunktzahl			

Was tun, wenn Vata zu stark geworden ist?

Verhalten		• regelmäßige Lebensführung • kein langes Fernsehen am Abend • ausreichend Wärme • genügend Ruhe • nicht zu viel Sport • Sesamölmassage vor dem morgendlichen Duschen • ein Dampfbad nehmen • anregende Genussmittel wie Kaffee, Tee, Alkohol vermeiden
Speisen		• warme ölige, gut gekochte Speisen
Geschmacksrichtungen	süß	Milch, Butter, Ghee, Reis, vorwiegend Weizen, wenig Gerste, Mais, Hirse und Buchweizen; natürlicher Rohrzucker, Melasse, kaltgeschleuderter Honig; gedünstetes oder eingelegtes süßes Obst
	sauer	Joghurt, Zitrone, Grapefruit, alter Käse
	salzig	Salz (in Maßen)
Gewürze		• Zimt, Kardamom, Kreuzkümmel, Ingwer, Gewürznelken, Senfkörner, wenig schwarzer Pfeffer

Was tun, wenn Pitta zu stark geworden ist?

Verhalten		• rechtzeitige und regelmäßige Mahlzeiten • nicht zu viel essen • wenig Hetze • nicht zu viel Selbstkontrolle, Planen und Arbeiten • dem Ärger aus dem Weg gehen • Vermeiden von starkem Sonnenschein • keine Sauna, keine heißen Bäder • wirkliche Entspannung • Spaziergänge an einem See oder Fluss frühmorgens oder abends • kühl schlafen • keine anregenden Genussmittel, insbesondere kein erhitzender Alkohol • Fröhlichkeit, Lachen
Speisen		• keine eiskalten Speisen • aber kühlende Speisen, Rohkost • Olivenöl, Sonnenblumenöl • Spargel, Kürbis, Gurken, Kartoffeln, Brokkoli, Sellerie
Geschmacksrichtungen	**süß**	Milch, Butter, Ghee, Reis, Weizen, Hafer, Gerste; Früchte wie Avocados, Kokosnuss; wenig Honig und Melasse
	bitter	Spinat und anderes grünes Blattgemüse, Gelbwurz, Meerrettich
	herb	grünes Blattgemüse, Bohnen, Linsen, Erbsen
Gewürze		• Koriander, Zimt, Kardamom, Fenchel, wenig schwarzer Pfeffer

Was tun, wenn Kapha zu stark geworden ist?

Verhalten		• geistige Anregungen suchen • neue Erfahrungen sammeln • regelmäßige Bewegung, Gymnastik und Sport • kein Schlaf zwischen 6 Uhr morgens und 18 Uhr • trockene Wärme • feuchte Kühle vermeiden • Ganzkörpermassage ohne Öl • nicht zu viel essen • Freizeit für Aktivitäten nutzen, Ausflüge machen
Speisen		• leichte, trockene und warme Nahrung • Gerste, Mais, Hirse, Buchweizen, Roggen, fettarme Milch, Honig, herbes Obst wie Äpfel, Birnen, Granatäpfel und Preiselbeeren • alle Hülsenfrüchte • kein Tofu, auch nicht Spargel, Auberginen, rote Bete, Brokkoli • wenig Kartoffeln, wenig Kohl • wenig Salz • Vorsicht bei allem Süßen
Geschmacksrichtungen	**süß**	Vorsicht mit allem Süßen
	scharf	Cayennepfeffer und Ingwer, Radieschen
	bitter	Spinat und grünes Blattgemüse
	herb	grünes Blattgemüse, Bohnen, Linsen, Erbsen
Gewürze		• wenig schwarzer Pfeffer, Zimt, Kardamom, Kreuzkümmel, Ingwer, Gewürznelken, Senfkörner, wenig Salz

Zur Stärkung der schwachen Doshas

Wenn ein oder zwei Doshas überhand genommen haben, hilft es auch, den dritten bewusst zu stärken. Wie man das macht, ersehen Sie aus den folgenden Listen.

Stärkung von Vata

Verhalten

- viel Sport
- wenig Schlaf
- kaltes, trockenes Klima
- Fasten
- kalte Nahrung
- geistige Anregung

Ernährung

- alle scharfen, bitteren, herben Speisen
- grünes Blattgemüse, Bohnen, Linsen, Erbsen
- Zimt, Kardamom, Kreuzkümmel, Ingwer, Gewürznelken, wenig schwarzer Pfeffer

Stärkung von Pitta

Verhalten

- warmes, heißes Klima
- konzentriertes Arbeiten
- Disziplin, Selbstkontrolle
- Herausforderungen, Wettbewerb

Ernährung

- Mandelöl, Sesamöl, Maisöl, Honig, Melasse, Mais, Hirse, Roggen, Selleriekeime
- alle scharfen Speisen: Radieschen, Zwiebel, Knoblauch, Ingwer
- alle sauren Speisen: Joghurt, Zitrone, Grapefruit, alter Käse, Tomaten
- alle salzigen Speisen
- vergorene Speisen: alter Käse, Essig und Alkohol
- Kreuzkümmel, Bockshornklee, Gewürznelken, Senfkörner

Stärkung von Kapha

Verhalten

- wenig Bewegung
- Schlaf am Tag
- kaltes, trockenes Klima
- viel Essen
- regelmäßige Routinearbeit

Ernährung	• ölig, kalt • süß: Milch, Butter, Ghee, Sahne, Reis, Weizen, Haferflocken, alle Süßungsmittel außer Honig, süßes Obst, Nüsse und Süßkartoffeln • sauer: Käse, Joghurt, Buttermilch • salzig

Karma – Das Gesetz von Ursache und Wirkung

Das Entstehen von Krankheiten lässt sich nicht immer aus wahrnehmbaren Ursachen herleiten, denn die Faktoren, die beteiligt sein können, sind oft zu komplex. Trotzdem geht die vedische Philosophie davon aus, dass alles eine Ursache haben muss, auch wenn diese nicht bekannt ist. Die indische Weltsicht betrachtet Geburt und Tod als normale Prozesse. Das Leben muss einen Anfangs- und einen Endpunkt haben. Alle Wesen, die geboren sind, müssen irgendwann auch einmal sterben. Die Todesursache ist in vielen Fällen eine Krankheit.

Die großen Seuchen hat die moderne Medizin inzwischen besiegt. Verbesserte Hygieneverhältnisse haben insbesondere zur Verlängerung des Lebens beigetragen. Dafür haben in der heutigen Zeit die chronischen Erkrankungen stark zugenommen.

Viele chronische Erkrankungen entstehen im Laufe des Lebens durch Belastungen, denen ein Mensch nicht gewachsen ist. Ein gutes Beispiel dafür ist die Arteriosklerose, die durch jahrzehntelange falsche Ernährung verursacht wird. Man hat inzwischen herausgefunden, dass ein Mensch, der im Alter von fünfundfünfzig Jahren beginnt, seine Ernährung umzustellen, einen Stillstand der Arteriosklerose, ja sogar eine Verbesserung seines Gesundheitszustandes erreichen kann. An diesem Beispiel sieht man, wie wichtig die Lebensführung ist, auch wenn man den Erfolg einer gesunden Lebensweise nicht unmittelbar und sofort bemerkt.

Aus ayurvedischer Sicht entstehen Krankheiten durch falsches Verhalten, das über lange Zeit hinweg praktiziert wird. Grundlage dieses Gedankens ist das Gesetz von Ursache und Wirkung. Man geht nämlich davon aus, dass jede Handlung zu irgendeiner Wirkung führt. Der Zusammenhang zwischen Ursache und Wirkung wird als *Karma* bezeichnet. Karma bedeutet wörtlich »Handlung, Aktivität, Tun«.

Im Ayurveda bezeichnet Karma eine therapeutische Handlung, die den Zweck hat, eine bestimmte Wirkung zu erzielen. Ohne das Gesetz des Karma hätte alle Therapie keinen Sinn. Dieses Gesetz besagt, dass jeder irgendwann die Früchte seiner Taten ernten wird.

Der Prozess von Ursache und Wirkung kann sich nach der indischen Philosophie in einem sehr großen Zeitraum abspielen. Ein Mensch, der einem anderen wehgetan hat, wird die Wirkung dieser Handlungen vielleicht nicht sofort zu spüren bekommen. Vielleicht begegnet er diesem Menschen nach Wochen, Monaten oder gar nach zwanzig Jahren wieder, und erst dann wird es zu einer Reaktion, zu einer Klärung kommen. Vielleicht wird es aber in einem Leben gar nicht dazu kommen.

Nach indischer Vorstellung reicht es daher nicht aus, ein Leben allein zu betrachten. Das Gesetz von Ursache und

Wirkung geht auch über das einzelne Leben hinaus und führt sich fort im Kreislauf von Geburt und Tod. Gemeint ist, dass die Folgen eines Handelns nicht nur in diesem Leben sichtbar werden, sondern sich auch erst nach einer Wiedergeburt (Reinkarnation) in einem der folgenden Leben zeigen können.

Der Ayurveda ist eine lebensbejahende Lehre. Sie geht davon aus, dass jeder Mensch im Rahmen der ihm gegebenen Möglichkeiten sein Leben lenken und Gleichgewicht und Gesundheit erreichen kann. Dafür ist es aber notwendig, den Lebensstil auf die individuelle Situation abzustimmen.

Wenn ein Mensch unachtsam mit seinem Körper umgegangen ist, wenn er ungesund gelebt hat, wenn er zu viel gegessen und zu viel getrunken hat und wenn er aufgrund dieser Lebensweise krank geworden ist, sagt er sich vielleicht: »Das hat mir geschadet. Ich möchte nicht noch einmal den gleichen Fehler begehen.« Aus diesem Bewusstsein entsteht der Wunsch, etwas zu ändern.

Ebenso erklärt die Lehre von der Reinkarnation die persönlichen Anlagen eines Menschen als Wunsch, in eine andere, neue Situation zu kommen.

Der Ayurveda sieht es als eine Aufgabe des Menschen, seinen Gesundheitszustand bewusst wahrzunehmen und daraus die Kenntnis zum richtigen Handeln zu gewinnen.

Übung

- Versuchen Sie einmal über die Schwachstellen Ihres Körpers nachzudenken.
- Setzen Sie sich dazu ruhig und entspannt hin.

- Schließen Sie die Augen und fühlen in Ihren Körper hinein.
- Sagen Sie ja zu sich: »Das bin ich, jetzt in diesem Zustand, und ich bin so geworden, weil meine innere Intelligenz dies so wollte.«
- Horchen Sie hinein, was Ihr Körper Ihnen in einem solchen Augenblick sagen möchte.
- Fühlen Sie, was Ihr Körper braucht, um wieder ins Gleichgewicht zu kommen.
- Werden Sie sich bewusst, dass eine Schwäche auch einen Sinn und damit eine Stärke haben kann. Ihre Aufgabe ist es, diesen Sinn zu entschlüsseln. Sie kommen dadurch mehr in Einklang mit sich selbst.
- Sie werden sich besser akzeptieren können. Sie werden genauer wahrnehmen, was Ihnen wirklich gut tut und was nicht.

Die beschriebene Übung kann auch mit Blick auf die persönlichen Stärken durchgeführt werden, denn es ist auch wichtig zu erkennen, wie viel Kraft und wie viele Möglichkeiten in der persönlichen Konstitution verborgen liegen.

Behandlung für Körper, Seele und Geist

Zu einer erfolgreichen Behandlung gehören vier Beteiligte:
der Arzt, das Heilmittel, der Pfleger und der Kranke.
Caraka 1.9.3

Wie sich der Bewohner einer Stadt um diese kümmert
oder der Wagenlenker um seinen Wagen,
möge der Weise aufmerksam hinsichtlich der Pflichten
gegenüber seinem eigenen Körper sein.
Caraka 1.5.103

Von der Wurzel aus heilen

Alles kann als Heilmittel verstanden werden

Ganzheitlich betrachtet, besteht das Universum aus einem ständigen Fluss von Wechselwirkungen. Die Qualität unserer Umgebung, unserer Ernährung, unserer Handlungsweise und unserer Gedanken beeinflusst unsere Lebensenergie. Aus ayurvedischer Sicht bedeutet das, dass alles auch zu Heilzwecken eingesetzt werden kann. Eine Therapie wird immer möglichst viele heilende Faktoren berücksichtigen, um das Gleichgewicht der Doshas auf allen Ebenen wiederherzustellen. Dabei haben Therapieanweisungen, die Regeln für das Verhalten, für Ernährung und geistige Beschäftigung sowie die tägliche Routine einschließen, das gleiche Gewicht wie die Anwendung von Heilsubstanzen.
Man sollte daher auch bedenken, dass der Krimi, den man sich am Krankenbett zu Gemüte führt, nicht ohne Wirkung bleibt. Menschen mit gestörtem Vata neigen zur Ängstlichkeit, für sie kann Aufregung ein weiteres Ansteigen des Vata-Dosha bewirken. Bei einer Kapha-Störung wiederum kann geistige Anregung und intellektuelle Beschäftigung ein Bestandteil des Heilprozesses sein. In jedem Fall kann man sagen, dass die geistige Beschäftigung mit Gewalt der Heilung nicht unbedingt förderlich ist. Trotzdem kann eine spannende Geschichte den Patienten zur geistigen Aktivität anregen und ihn aus der Lethargie holen.

Therapieansätze

Gemäß der Auffassung, dass das Gleichgewicht der Doshas durch verschiedene Faktoren beeinflusst werden kann, sind folglich auch die Therapiekonzepte des Ayurveda sehr vielfältig. Je nach individueller Dosha-Konstitution und je nach Art der Störung werden folgende Therapien angewandt:

- innere und äußere Reinigungen
- Teil- oder Ganzkörpermassage mit Kräuterölen und anderen Heilsubstanzen
- Ernährungsumstellung
- Einnahme von Heilsubstanzen
- Bewegung, Yoga und Meditation
- Verhaltensregeln im Alltag

Dazu kommen doshaharmonisierende Behandlungen, die über die Sinneswahrnehmung wirken:

- Riechen: Aromatherapie
- Schmecken: Ernährung und Heildiäten
- Sehen: Farbtherapie
- Tasten: Massage
- Hören: Klangtherapie

Bei welchen Krankheiten kann Ayurveda besonders gut helfen?

- Allergien: Asthma bronchiale, Heuschnupfen, Neurodermitis, Ekzeme, Akne
- Altersbeschwerden: Osteoporose, Gelenksteifheit, Konzentrations- und Gedächtnisschwäche

- Atemwege: Bronchialasthma, Bronchitis
- Chronische Entzündungen: chronische Bronchitis, Nasennebenhöhlenentzündung
- Gelenkserkrankungen: Rheumatismus, chronische Polyarthritis, Morbus Bechterew, Morbus Reiter, Gicht, Kreuzschmerzen, Arthritis
- Gewichtsprobleme: krankhaftes Über- oder Untergewicht
- Herz-Kreislauf-Störungen: Herzrhythmusstörungen, Angina Pectoris, Vorbeugung und Nachbehandlung bei Herzinfarkt, Herzschwäche, Kreislaufbeschwerden, Bluthochdruck, Durchblutungsstörungen
- Lebererkrankungen: Gelbsucht, Leberzirrhose
- Magen-Darm-Beschwerden: chronische Verstopfung, Blähungen, Darmträgheit, Hämorrhoiden, Magenschleimhautentzündung, Magengeschwüre, Zwölffingerdarmgeschwür, Sodbrennen
- Stoffwechselstörungen: erhöhter Blutfett- und Harnsäurespiegel
- Vegetative Störungen: Schlafstörungen, Depressionen, Angstzustände, Kopfschmerzen, Migräne, Gesichtslähmung

In der therapeutischen Praxis ist die Diagnose und die Behandlung darauf ausgerichtet, die Ursachen einer Krankheit zu erkennen und zu beseitigen. Dazu gehört, dass der Ayurveda-Arzt die vorausgehenden Entwicklungsstadien einer Krankheit genau bestimmt und sich ihrer Ursache bewusst wird. In *Cikitsa*, der ayurvedischen Bezeichnung für Behandlung, steckt das Wort »kit«, Bewusstsein.

Der berühmte indische Ayurveda-Arzt Dr. Triguna sagt

dazu: »Ayurveda bedeutet übersetzt ›das Wissen vom Leben‹ und nicht ›das Wissen von Krankheit‹. Unser Hauptziel ist, dass jeder frei von Krankheit ist und selbstverantwortlich seine Gesundheit schützt. Wenn trotzdem eine Krankheit auftritt, behandeln wir diese von ihrer Wurzel aus und mit dem Ziel, ein langes Leben in Gesundheit zu erreichen.«
Jede Therapie setzt daher bei der ursprünglichen Dosha-Störung an und wird auf die individuelle Konstitution des Patienten abgestimmt. Es gilt im Ayurveda keinesfalls das Prinzip, gleiche Therapie für gleiche Erkrankungen, die Konstitution eines jeden Menschen ist einzigartig, und auf sie wird auch die Behandlung abgestimmt.

Am Anfang steht die Reinigung

Für die Heilung ist es von zentraler Bedeutung, den Körper von Giftstoffen *(Ama)* zu reinigen. Wird durch eine Störung der Doshas das Verdauungsfeuer *(Agni)* beeinträchtigt, arbeitet der Stoffwechsel nicht mehr effektiv. Die Folge ist, dass Wirkstoffe aus der Nahrung nicht mehr ausreichend aufgenommen werden und unverdaute Nahrungsreste sich in Schlackenstoffe verwandeln, die die Abwehrkräfte schwächen. Mit der Zeit verbreiten sie sich im ganzen Körper und lösen unterschiedliche Krankheitsprozesse aus. Aber auch »unverdaute«, nicht verarbeitete Gefühle, ständige Sinnesreizungen sowie Umweltgifte beeinträchtigen die Funktion unseres Körpers.
Zahlreiche Reinigungsbehandlungen des Ayurveda zielen darauf ab, die Giftstoffe im Körper zu lösen und

über die Ausscheidungsorgane Darm, Harnweg, Haut auszuleiten. Darüber hinaus unterstützen verschiedene Naturheilmittel den Körper dabei, die Giftdepots abzubauen und das Verdauungsfeuer und den Stoffwechsel zu normalisieren. In der ganzheitlichen Reinigung sehen die ayurvedischen Gelehrten eine Methode, Alterungsprozesse aufzuhalten oder wenigstens zu verlangsamen, um ein hohes Alter in körperlicher und geistiger Aktivität zu erreichen.

Pancakarma – Kraft und Gesundheit durch Reinigung

Die Pancakarma-Therapie hat unter den therapeutischen Heilverfahren eine herausragende Stellung. Sie ist ein Kernstück der ayurvedischen Heilkunde. Ziel dieser Behandlung ist es, durch eine gründliche innere Reinigung die Körpergewebe (Dhatus) von überschüssigen Doshas und Stoffwechselgiften zu befreien. Mit diesem tief gehenden Reinigungsprozess wird eine intensive Regeneration und Verjüngung des gesamten Organismus erreicht.

Zur Erinnerung: Der Ayurveda unterscheidet zwischen sieben Körpergeweben, den so genannten Dhatus. Sammelt sich in einem oder mehreren Geweben ein Dosha über längere Zeit an, so werden alle anderen Gewebe mit beeinträchtigt. Als Folge entstehen Störungen auf der physischen und psychischen Ebene.

Stoffwechselgifte (Ama), die sich im Gewebe ansammeln, entstehen durch unverdaute Nahrung, aber auch durch verdorbene und nicht zuträgliche Lebensmittel. Ama entsteht auf der geistigen Ebene durch negative Gedanken und Gefühle sowie durch traumatische Erlebnisse, die nicht verarbeitet werden.

Der Ayurveda sieht in dieser Ansammlung von Giften und überschüssigen Doshas die Ursache für die meisten Krankheiten.

Bereits in der medizinischen Sammlung von Caraka wird die Effektivität von Pancakarma bei chronischen und anderen schweren Erkrankungen beschrieben. Die Bedeutung dieser Reinigungstherapie für eine erfolgreiche Heilung und bei der Krankheitsvorbeugung blieb über die Jahrtausende bis heute unumstritten.

Durchgeführt wird die Pancakarma-Behandlung in Ayurveda-Kliniken und Ayurveda-Gesundheitszentren unter der Aufsicht von Ärzten und Therapeuten. Anzuraten ist ein stationärer Kuraufenthalt, der neben den Öl- und Reinigungsanwendungen auch Yoga- und Meditationsübungen sowie entsprechende Heildiäten umfasst. Ein Kuraufenthalt im Ursprungsland des Ayurveda, in fernöstlicher Atmosphäre und im warmen Klima, kann ein besonderes Erlebnis sein. Zu beachten ist, dass Flugreisen, Klimaanpassung und Ernährungsumstellung, abhängig von der individuellen Verfassung eines Menschen, die Doshas stark aus dem Gleichgewicht bringen können.

Kranke und geschwächte Menschen sollten sich unter allen Umständen mit ihrem Arzt beraten, bevor sie eine Indienreise antreten.

Pancakarma in der Praxis

Pancakarma bedeutet übersetzt »fünffache Handlung«. Damit sind die fünf Hauptanwendungen zur inneren Reinigung gemeint. In der ersten Phase der Kur wird der Patient mit innerlich und äußerlich angewandten Ölen auf die Hauptbehandlung vorbereitet. Die verabreichten Massagen werden dabei von dem Ayurveda-Arzt individuell auf den Typ des Patienten abgestimmt.

Vorbereitung

- Je nach Konstitution bekommt der Patient Öl oder medizinisches Ghee (geklärte Butter) zur Einnahme. Damit werden die überschüssigen Doshas in den Geweben gelöst.
- Ayurvedische Kräuterölbehandlungen und Massagen regen den Stoffwechsel in den Geweben an.
- Eine intensive Wärmebehandlung durch Trockenwärme oder Kräuterdampfbad fördert die Entschlackung über Haut und Schleimhäute.

Hauptbehandlung

1. Den Ablauf der Hauptbehandlung entscheidet der Arzt nach dem Befinden des Patienten. Klassisch beginnt sie mit der Brechtherapie, die die Entgiftung der oberen Körperregion einleitet. Das Erbrechen wird durch die Einnahme von Kräutersubstanzen herbeigeführt.
2. Pflanzliche Abführmittel leiten eine Darmentleerung ein.

3. Wichtiger Bestandteil der Kur ist die Darmreinigung, die mit Einläufen durchgeführt wird. So werden über den Darm die Stoffwechselgifte ausgeschieden, und der Körper wird entgiftet.
4. Zur Reinigung im Kopfbereich gehört die Verabreichung von Heilsubstanzen in Nase, Ohren, Mund und Augen.
5. Ein weiteres Ausleitungsverfahren ist die Blutreinigung, die durch einen Aderlass angeregt wird. Diese Behandlung wird nur bei entsprechender Indikation angewendet. In europäischen Ayurveda-Kliniken wird sie nicht verordnet.

Begleitende Maßnahmen

- Für die geistige Reinigung werden Yoga- und Meditationsübungen empfohlen, die helfen, die Sinneswahrnehmungen zu klären.
- Während der Pancakarma-Kur muss der Patient eine spezielle Heildiät einhalten, die auf seine individuelle Konstitution abgestimmt ist.

Dem Pancakarma als zentraler Therapie des Ayurveda liegen ein profundes Wissen und umfangreiche, detaillierte Beschreibungen von Anwendung und Wirkung zugrunde. Im Rahmen dieses Buches kann das Thema nur angerissen werden, deshalb verweisen wir im Anhang auf weiterführende Literatur. Ziehen Sie eine Pancakarma-Kur für sich in Erwägung, erkundigen Sie sich direkt bei einer ayurvedischen Klinik oder einem ayurvedischen Gesundheitszentrum (Adressen siehe Anhang).
Die nachfolgend aufgeführten Therapien finden sich teil-

weise in dem Pancakarma-Behandlungszyklus wieder; sie werden aber auch unabhängig davon bei bestimmten Dosha-Störungen und zur allgemeinen Krankheitsvorbeugung angewendet.

Abhyanga

Die sanfte Synchronmassage

Die Abhyanga-Massage kann bei jedem Konstitutionstyp zur Verjüngung und Regeneration durchgeführt werden. Sie belebt das Bindegewebe und die Muskeln, stärkt Venen und Arterien, wirkt regulierend auf den Stoffwechsel und fördert die Selbstheilungskräfte. Bei dieser Ganzkörpermassage werden Kräuteröle verwendet, die auf die individuellen Dosha-Eigenschaften abgestimmt sind. Massiert wird je nach Verordnung mit leichtem oder festem Druck von einem oder synchron von mehreren Therapeuten. Die Behandlungsdauer liegt bei 30 bis 45 Minuten.

Shiro-Dhara

Der Ölguss auf die Stirn führt in die Tiefe des Bewusstseins

Bei Shiro-Dhara wird mit einem gleichmäßigen Rechtslinks-Rhythmus ein warmer Kräuterölstrahl über die Stirn bewegt. Das Öl läuft über den Hinterkopf und wird zur Wiedererwärmung in einem Gefäß aufgefangen. Das warme, gleichmäßig fließende Öl führt zu einer intensiven Tiefenentspannung, die zu einem ganz besonderen

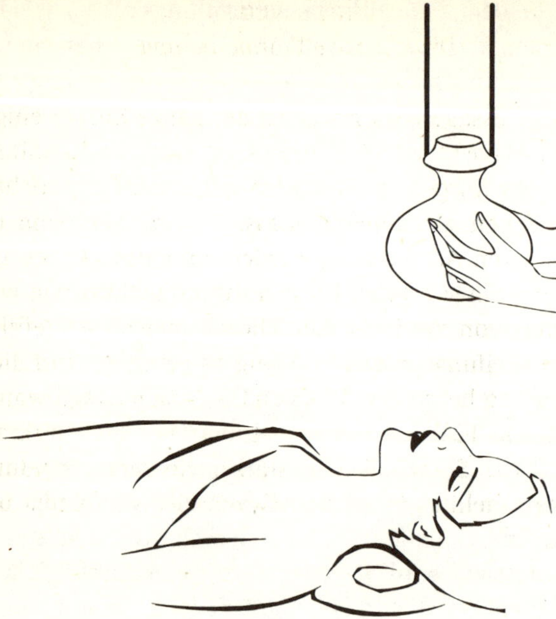

Erlebnis werden kann. Bei einigen Behandelten werden Erinnerungen an Erlebnisse geweckt, die weit zurückliegen und in klaren Bildern vor dem geistigen Auge vorbeiziehen. Während der Behandlung wird der Körper als schwerelos empfunden. Shiro-Dhara wird sehr erfolgreich bei Leiden im Kopfbereich und bei Erschöpfungszuständen angewendet.

Es stärkt die Lebensenergie und die Selbstheilungskräfte. Nach einem längeren Behandlungszyklus wird der Patient mit einem strahlenden Aussehen und klaren Sinneswahrnehmungen belohnt.

Pindasveda

Die intensive Wärmetherapie

Vor der Massage wird zunächst der ganze Körper eingeölt. Pindasveda ist eine intensive Wärmebehandlung, bei der der Körper des Patienten mit in Milch gekochten Reissäckchen gleichmäßig massiert wird. Während der einstündigen Anwendung werden die Reissäckchen immer wieder neu erhitzt. Diese aufwendige Massage wird synchron von zwei bis vier Therapeuten durchgeführt. Um den Heilungsprozess in Gang zu bringen, wird diese Behandlung bis zu drei Wochen lang täglich angewandt. Pindasveda hilft speziell bei chronischen Vata-Erkrankungen wie Schwindsucht, starker Nervenentzündung, Diabetes mellitus, Asthma, Gewebeschwellungen und Lähmung.

Shirovasti

Das Kopf-Ölbad für ein gutes Gedächtnis

Bei der Therapie mit Shirovasti setzt man dem Patienten eine Art Lederhut auf den Kopf. Anschließend wird vorsichtig erwärmtes Öl hineingeträufelt und kann dort fünfundvierzig Minuten lang seine Wirkung entfalten. Je nach Dosha-Konstitution des Patienten werden zur Behandlung unterschiedliche Öle angewandt. Dieses Ölbad für den Kopf ist für jeden Konstitutionstyp geeignet. Es steigert die geistige Leistungsfähigkeit und das Gedächtnis. Schlaflosigkeit, grauer Star, Migräne, verspannte Muskeln und Lähmungen im Gesicht werden damit ebenfalls erfolgreich behandelt.

Udvartana

Erquickung für die Haut

Um nach einer Massage die Haut von der Ölschicht zu reinigen, wird der Körper mit gemahlenem Kichererbsenmehl oder Mungobohnenmehl abgerieben. Das Pulver kann trocken oder mit Wasser vermischt als Paste angewandt werden. Durch dieses »Abschmirgeln« wird die Haut gut durchblutet und samtweich.

Pizzi Chilli

Ein warmes Ölbad für den ganzen Körper

Während der Behandlung wird der ganze Körper immer wieder mit erwärmtem Öl übergossen, das zwei Therapeuten mit synchronen Bewegungen sanft verteilen. Die Behandlung dauert dreißig bis fünfundvierzig Minuten. Bei dieser Massage werden etwa fünf Liter Sesam-Kräuter-Öl verwendet. Die Massage wirkt verjüngend, entspannend und reinigend auf den gesamten Organismus. Sie wird verabreicht bei rheumatischen Erkrankungen, Arthritis, Lähmung, Einschränkungen im Bewegungsapparat, sexueller Schwäche, Nervosität und innerer Unruhe.

Svedana

Reinigung der Körperkanäle durch Schwitzen

Svedana, die ayurvedische Schwitztherapie, wird bei der Pancakarma-Kur nach der vorbereitenden Phase angewendet. Schwitzen regt das Verdauungsfeuer an und erleichtert die Ausscheidung der Stoffwechselgifte über den Darm und auch über die Haut. Durch die Schweißabsonderungen werden Körperkanäle gereinigt und gleichzeitig wird überschüssiges Vata reguliert. Der Patient liegt oder sitzt bei dieser Behandlung in einem Schwitzkasten, aus dem nur noch der Kopf herausschaut. Das Schwitzen wird durch heißen Kräuterdampf ausgelöst. Svedana wird auch unabhängig von Pancakarma bei Vata- und Kapha-Störungen angewandt.

Nasya

Therapie durch die Nase

Bei der Nasya-Therapie werden Heilsubstanzen durch die Nase eingeführt, die im Nasen-, Kehl- und Stirnhöhlenbereich wirken. Therapeutisch wird Nasya erfolgreich zur Vorbeugung und Behandlung von Erkrankungen im Kopfbereich verabreicht. Zu den Indikationen gehören Migräne, Gesichtslähmungen, chronischer Schnupfen, Nebenhöhlenentzündungen, Neuralgien und Kiefersperre.

Rasayana

Aufbau und Verjüngung

Rasayanas nennt man im Ayurveda all diejenigen Substanzen, die das körpereigene Abwehrsystem und die allgemeine Leistungskraft stärken. Sie bauen die Körpergewebe auf, regulieren den Stoffwechsel, reinigen die Körperkanäle und stärken das Gedächtnis. Die kräfti-

gende und verjüngende Therapie mit Rasayanas wird als Aufbaubehandlung nach einer reinigenden Pancakarma-Behandlung empfohlen. In der ayurvedischen Literatur wird diese Therapiekombination mit einem bildhaften Vergleich erklärt: »Bevor man einen Stoff färbt, muss er von allem Schmutz gereinigt werden, denn nur dann wird seine neue Farbe leuchten können.« Damit die Rasayanas also ihre intensive Kraft entfalten können, sollte der Körper zuvor von allen Giftstoffen befreit werden.
Auf der Grundlage ihrer umfangreichen Heilkräuterforschung entwickelten die frühen ayurvedischen Gelehrten Rasayanas, deren Zusammenstellung aus bis zu fünfzig hochwirksamen Heildrogen bestand. Auch heute noch basiert die höchst aufwendige Herstellung von Rasayanas auf Rezepturen, die in den alten medizinischen Schriften aufgeführt sind. Die Verarbeitung der pflanzlichen und mineralischen Substanzen kann sich über Monate, ja sogar Jahre hinziehen. Rasayana-Produkte werden in Indien als Nahrungsergänzungsmittel in ayurvedischen Apotheken verkauft oder von Ayurveda-Ärzten individuell für den Patienten zusammengestellt.
Als natürliche Rasayanas gelten auch einige Früchte, Milchprodukte, Kräuter und Gewürze, die als Teil der täglichen Ernährung belebend und verjüngend wirken. Dazu gehören Weintrauben, Datteln, Granatäpfel, Ghee (geklärte Butter), Kuhmilch, Knoblauch, langer Pfeffer, schwarzer Pfeffer, Ingwer, Kalmuswurzel, Safran, Honig und Basilikum.

Rasayana besitzt wunderbare Möglichkeiten:
Es verlängert das Leben und fördert die Gesundheit,
erhält die Jugendlichkeit und schenkt neue Vitalität.
Rasayana stellt das Gleichgewicht von Vata,
Pitta und Kapha wieder her,
stärkt das Gedächtnis und den Geist,
verbessert Aussehen und Stimme
und gibt inneren und äußeren Glanz.

Caraka

Der Prozess der Heilung

Keine der aufgeführten Therapien oder Heilsubstanzen ist ein Wunderheilmittel. Wunder entstehen in uns selbst. Jede ganzheitliche Heilung basiert auf dem Wunsch und auf der Entscheidung, sich selbst heilen zu wollen. Allein durch die bewusste Entscheidung für Gesundheit werden kraftvolle Energien freigesetzt, die den Heilungsprozess in uns vorantreiben. Die innere Vorbereitung auf eine Behandlung ist dabei sehr bedeutend. Sie sollten damit beginnen, sich intensiv mit der gewählten Heilmethode auseinander zu setzen. Es ist wichtig zu verstehen, wie eine Behandlung abläuft, und es ist falsch, Dinge einfach teilnahmslos über sich ergehen zu lassen. Als weiterer Schritt zur erfolgreichen Heilung sollte Vertrauen in die Behandlung und zum Arzt und Therapeuten aufgebaut werden. In einer Atmosphäre, die von Vertrauen geprägt ist, ist es leichter, sich hinzugeben, sich mit jeder Pore zu öffnen und die heilenden Energien anzunehmen. Dazu gehört auch das Vertrauen zu sich selbst. Es ist wichtig, den Blick nach innen zu richten, zur Ruhe zu kommen, Gefühle bewusst wahrzunehmen und wieder loszulassen.

Die meisten Menschen haben sich im Laufe ihres Lebens den gesellschaftlichen Normen angepasst und gelernt, ihre Gefühle zu unterdrücken. Der Ayurveda lehrt, dass negative Gefühle, an denen man festhält, das Gleichgewicht stören. Trauer, Angst, Besorgnis, Zorn, Eifersucht, Misstrauen und Selbstzweifel sind Gefühle, die auf Dauer unsere Lebensenergie schwächen und zur Krankheit führen.

Schon in der frühen Zeit des Ayurveda waren sich die indischen Ärzte der Macht der negativen Gefühle und ihrer krank machenden Auswirkung bewusst.

Sie lehrten, alle Gefühle bewusst wahrzunehmen, sie anzuschauen und sie dann loszulassen.

Um den aufgewühlten Geist zu beruhigen, empfiehlt der Ayurveda eine Atemtechnik aus dem Yoga, die auch das Loslassen von Gefühlen unterstützt (siehe Seite 121 ff.).

Massage – Eine Wohltat für Körper und Geist

Tradition in Indien

Massagen mit unterschiedlichen Kräuterölen, Pasten, Ghee und Kräuterpulvern haben in der therapeutischen Praxis Indiens eine jahrtausendealte Tradition. Zur Stärkung des Abwehrsystems, bei Beschwerden, zur Körperpflege und als Ritual werden auch innerhalb der Familie Massagen von frühester Kindheit bis ins hohe Alter fast

täglich praktiziert. Bereits sechs Tage nach der Geburt eines Kindes beginnt eine indische Mutter mit der Babymassage. Bis zu seinem dritten Lebensjahr wird das Kind täglich massiert, danach bekommt es mindestens einmal pro Woche eine Massage.
Neben der Stärkung der körperlichen Abwehrkräfte fördern die zärtlichen Berührungen und die liebevolle Aufmerksamkeit der Mutter auch die emotionale und geistige Entwicklung des Kindes. Während die Mutter massiert, spricht oder singt sie mit ihrem Baby und streicht mit beiden Händen im sanften Rhythmus ihrer Worte über den Körper des Kindes.
Ist das Kind älter, wird es selbst in der Fuß-, Hand- und Kopfmassage angeleitet, damit es seinen Eltern und Großeltern bei Beschwerden helfen kann. Mit der in der Jugend wachsenden Aufmerksamkeit für den eigenen Körper lernen die jungen Männer und Frauen, sich durch Massage zu stärken und zu pflegen.
Ein besonderes Ritual ist die Massage zur Vorbereitung auf die Hochzeit. Um die gegenseitige Anziehung zu erhöhen, werden Braut und Bräutigam mit duftenden Ölen eingerieben, die der Entspannung dienen, die Haut glänzend und geschmeidig machen und nicht zuletzt die Sinnlichkeit erwecken.

Massage zur Geist-Körper-Harmonisierung

Im Kapitel über ayurvedische Behandlung wurden bereits einige Massage-Anwendungen beschrieben, die innerhalb der therapeutischen Praxis schon seit Jahrhunderten mit Erfolg praktiziert werden. In den frühen

Aufzeichnungen des Ayurveda wird aber auch die täglich angewendete Ganzkörpermassage als Mittel zur Förderung des Gleichgewichts, der Regeneration und Verjüngung für jeden Konstitutionstyp empfohlen. Tägliche Ölanwendungen für Menschen mit vorherrschendem oder gestörtem Vata-Dosha werden als besonders wichtig für die Erhaltung der Gesundheit hervorgehoben. Trockene Haut ist ein erster Hinweis für eine Vata-Störung, weitere Anzeichen sind Gereiztheit des Nervensystems und trockener Stuhl. Die Eigenschaften von Vata (Luft/Raum) sind trocken, leicht und kalt, daher wirkt warmes, reichhaltiges Öl auf den ganzen Körper vataharmonisierend.
Bei Menschen mit viel Kapha (Erde/Wasser) und einer eher öligen Haut sind Trockenmassagen mit einer weichen Naturhaarbürste angebracht. Hierdurch werden der Stoffwechsel und die leicht träge Verdauung des Kapha-Menschen angeregt. Ölmassagen sollten diese Konstitutionstypen nur einmal pro Woche anwenden.
Pitta (Feuer/Wasser) mit den Eigenschaften heiß, leicht und feucht ist der in der Mitte liegende Dosha. Je nach Befindlichkeit und Gefühl sollten sich Pitta-Menschen für eine Öl- oder Trockenmassage entscheiden.
Der Nutzen regelmäßig angewandter Massagen zeigt sich nicht nur in einer schönen, geschmeidigen Haut. Massage vertreibt die Müdigkeit, indem sie die Durchblutung und den Lymphfluss anregt und somit den Abtransport von Giftstoffen aus dem Körper unterstützt. Sie hilft, Stress abzubauen, wirkt beruhigend auf die Psyche und trägt zu einem ungehinderten Energiefluss im Körper bei.
Speziell die Kopfmassage steigert die geistige Leistungsfähigkeit und das Gedächtnis, verhindert eine Kapha-

Ansammlung, verbessert den Haarwuchs und hilft bei Seh- und Schlafstörungen. Eine Fußmassage am Abend verhilft zu tiefem Schlaf, schützt die Gesundheit und wirkt harmonisierend.

Das Öl

Als Massageöle werden empfohlen: kaltgepresstes Sesamöl, Oliven-, süßes Mandel- oder Kokosnussöl. Alle Öle sind in der Apotheke oder über den Versandhandel erhältlich.
Sesamöl wird hauptsächlich für Vata-Menschen empfohlen, denn es wärmt den Körper und beruhigt das Nervensystem. Für Pitta-Menschen eignet sich Kokosnussöl am besten. Kapha-Menschen mit leicht fettender Haut sollten, wie schon erwähnt, sparsam mit Öl umgehen und die Ölmassage nur einmal in der Woche anwenden. Um die Öle gleitfähiger und für die Haut leichter aufnehmbar zu machen, werden sie vor der Anwendung erwärmt. Geben Sie dazu die für eine Massage benötigte Menge Öl in ein Gefäß und erwärmen Sie dieses in einem Wasserbad.

Ratschläge für die Ölmassage

Wegen der entgiftenden Eigenschaften ist der beste Zeitpunkt für eine Massage am Morgen vor dem Duschen. Kopf- und Fußmassagen können wegen ihrer entspannenden Wirkung wunderbar am Abend vor dem Schlafengehen angewendet werden.

Achten Sie darauf, dass der Raum angenehm warm ist. Bei gefliesten Badezimmerböden sollten Sie ein Handtuch unter die Füße legen. Nehmen Sie immer nur so viel Öl, wie von der Haut aufgenommen werden kann. Bei jeder Massage ist es wichtig, mit der ganzen Aufmerksamkeit bei den Händen und bei dem Körperteil zu sein, der massiert wird.

Die Kopfmassage

Tauchen Sie die Fingerspitzen beider Hände in das Öl und ölen Sie zunächst die ganze Kopfhaut ein.
Beginnen Sie die Massage an der Kopfmitte und massieren Sie dann mit synchronen, kreisenden Bewegungen kräftig die gesamte Kopfhaut durch. Ziehen Sie danach Haarbüschel für Haarbüschel leicht nach oben. Dadurch lockert sich die Kopfhaut, und die Haarwurzeln werden gestärkt.
Zusätzlich können Sie noch eine Klopfmassage durchführen. Der Kopf wird sanft mit den »Handkanten« geklopft, wobei nur die Seitenfläche der Zeigefinger auf die Kopfhaut auftrifft. Wichtig ist dabei, dass Hände und Finger ganz locker und entspannt bleiben.
Abschließend drücken Sie den Kopf rundherum mit den Handflächen und massieren die Ohren mit Daumen und Zeigefinger innen und außen leicht mit Öl.

Die Gesichtsmassage

Legen Sie die Hände so auf die Stirn, dass sich die Fingerspitzen auf der Stirnmitte gegenüberliegen und die kleinen Finger leicht auf den Augenlidern aufliegen.

Schließen Sie die Augen und streichen Sie gleichmäßig in synchroner Bewegung in Richtung Schläfen; enden Sie mit leichtem Druck hinter den Ohren. Wiederholen Sie diese Bewegung dreimal.
Legen Sie die Zeigefinger an die Nasenflügel und massieren Sie mit kreisenden Bewegungen aufwärts bis zur Nasenwurzel. Schließen Sie die Bewegung mit leichtem Druck ab. Massieren Sie auch die Naseninnenwände leicht mit den kleinen Fingern. Wangen und Kinn werden mit kreisenden Bewegungen von der Mitte nach außen massiert.
Hals und Nacken streichen Sie synchron mit beiden Händen von unten nach oben.

Die Körpermassage

Beginnen Sie Ihre Massage in der Körpermitte. Für die Bauchmassage ist es sehr angenehm, sich flach auf den Boden zu legen und die Beine dabei anzuwinkeln.
Legen Sie die Hände auf der Bauchmitte übereinander und kreisen Sie mit der Handfläche langsam im Uhrzeigersinn über den Bauch, erst zur rechten und dann zur linken Seite, anschließend zum Unterbauch.
Konzentrieren Sie sich beim Massieren ganz auf den Bauch. Schließen Sie die Augen und entspannen Sie sich.
Für die Brustmassage streichen die Finger sanft im Uhrzeigersinn um die Brust. Die kreisende Bewegung beginnt am Brustansatz und geht bis zu den Brustwarzen, die zwischen die Finger genommen und leicht nach außen gezogen werden. Damit wird – bei Männern wie bei Frauen – die Lymphtätigkeit angeregt, die im Bereich der Brustwarzen zu Staus neigt.

Arme, Beine, unterer Rücken und Gesäß können mit kräftigen Auf- und Abwärtsstrichen massiert werden. Bei Knien und Ellbogen wenden Sie die Kreisbewegung an.

Die Handmassage

Spreizen Sie die Finger und reiben Sie den Handrücken einer Hand mit der Handfläche der anderen Hand, indem Sie mit den Fingern auch die Fingerzwischenräume massieren. Massieren Sie anschließend kräftig jeden Finger. Drehen Sie dann jeden Finger mit einem leichten Ziehen hin und her, bis es zu einem Knacken kommt. Das löst Blockaden und lässt den Energiestrom ungehindert durch die Kanäle fließen. Die Handinnenfläche massieren Sie mit dem Daumen mehrmals zur linken und zur rechten Seite.

Die Fußmassage

Um die Fußmassage bequem auszuführen, setzen Sie sich auf ein Handtuch oder einen Stuhl. Legen Sie den rechten Fuß in beide Handflächen, wobei die Daumen auf dem Fußspann liegen. Streichen Sie mit den Daumen über den Fußspann nach unten und über jede einzelne Zehe. Wiederholen Sie diese Bewegung dreimal.
Massieren Sie anschließend mit dem Zeigerfinger die Zwischenräume der Zehen und dann wieder mit allen Fingern jede einzelne Zehe und jeden Zehennagel. Nach der Massage versuchen Sie jede Zehe mit einem kurzen, festen Ruck zum Knacken zu bringen. Ferse und Fußsohle sollten kräftig mit der Handfläche und anschlie-

ßend mit den Daumen massiert werden. Für die Verbesserung der Sehkraft und bei Sehstörungen sollte man dem Bereich unterhalb der Zehen besondere Beachtung schenken. Regelmäßiges Massieren der Füße bewahrt die Fußhornhaut vor dem Austrocknen und macht sie widerstandsfähig gegenüber Pilzerkrankungen.

Das Massageritual

Gönnen Sie sich ab und zu einen Tag, an dem Sie die morgendliche Massage zu Ihrem persönlichen Ritual werden lassen. Bereiten Sie Ihr gut geheiztes Badezimmer vor, indem Sie eine Duftlampe mit einem für Sie angenehmen Aromaöl aufstellen. Sollte es ein trüber Herbst- oder Wintertag sein, schaffen Sie mit Kerzen eine schöne Lichtatmosphäre im Raum. Haben Sie die Möglichkeit dazu, so lassen Sie eine entspannende Musik spielen. Legen Sie alle Utensilien für die Massage zurecht: Schale mit erwärmtem Öl, Massagehandschuh, Schale mit Mungobohnenmehl und frische Handtücher. Diese Stunde sollte mit Ihrer ganzen Aufmerksamkeit nur Ihnen gehören. Beginnen Sie Ihr Ritual mit einem Blick in den Spiegel und versenken Sie sich ganz in Ihren Anblick. Nehmen Sie Ihre Hände und bedecken mit leichtem Druck das Gesicht, die Fingerspitzen schließen dabei unter den Augenbrauen ab. Verweilen Sie so einen Augenblick, streichen Sie anschließend die Hände seitlich über Ihr Gesicht aus und vertiefen Sie sich wieder in Ihren Anblick. Wiederholen Sie den Ablauf noch zweimal. Diese Handlung entspannt, glättet die Haut und vermittelt innere Ruhe.

Reiben Sie sich anschließend von Kopf bis Fuß mit einer weichen Naturhaarbürste oder einem Seidenmassagehandschuh ab. Vata- und Pitta-Menschen führen diese Massage am besten mit leichtem Druck aus, Kapha-Menschen dagegen dürfen stärker aufdrücken.

Führen Sie die Ganzkörper-Ölmassage danach wie beschrieben durch. Lassen Sie Ihre Gedanken nicht abschweifen, sondern bleiben Sie mit liebevoller Aufmerksamkeit immer bei sich selbst. Verfolgen Sie mit den Augen jede Ihrer Bewegungen und genießen Sie die Berührung. Lassen Sie das Öl fünf bis zehn Minuten einziehen, bevor Sie sich in einem für Sie angenehm temperierten Vollbad entspannen. Das Baden sollte nicht länger als fünfzehn Minuten dauern. Bevor Sie aus der Wanne steigen, reiben Sie den ganzen Körper mit Mungobohnenmehl ab. Geben Sie das Mehl entweder direkt auf den Körper oder vermischen Sie es mit etwas Wasser zu einen Brei. Füße, Beine, Arme und Gesäß dürfen kräftig abgerubbelt werden. Danach duschen Sie den Körper ab.

Die Haut ist jetzt gut durchblutet und fühlt sich samtweich an. Beschließen Sie Ihr Ritual mit dem Blick in den Spiegel und streichen Sie noch einmal mit den Handflächen über das Gesicht. Ruhen Sie anschließend eine halbe Stunde und spüren Sie die Wirkung auf Ihren Körper.

Yoga- und Atemübungen – Ein Weg zur inneren Ruhe

Die ersten Früchte der Yoga-Übungen sind: Gesundheit, eine gute Verdauung und ein klares Antlitz, ein schlanker Körper; ein angenehmer Geruch und eine sanfte Stimme sowie die Abwesenheit von gierigem Verlangen.
Finde einen ruhigen Platz für die Yoga-Übungen, windgeschützt, eben und sauber, wo rauschendes Wasser und die Schönheit der Landschaft Denken und Sinnen unterstützen.
Mit aufrechtem Körper und erhobenem Haupt und Hals lass den Geist und seine Kräfte in dein Herz ein.
Dann wird das OM Brahmans dein Boot sein, auf dem du die Ströme der Furcht überquerst.
Und wenn dein Körper still und unbewegt ist, atme rhythmisch durch die Nasenlöcher, mit ruhiger Ebbe und Flut des Atems. Der Wagen des Geistes wird von wilden Rossen gezogen und diese wilden Rosse müssen gezähmt werden.
Dieses sind die Bilder, die dem Übenden erscheinen, bevor er endlich Brahman erspürt: ein Nebel, ein Rauch und eine Sonne; Wind, Feuerfunken, Blitze, ein klarer Kristall und ein Mond.

Shvetashvatara-Upanishad

Wie der Ayurveda betrachtet auch der Yoga das Leben als ganzheitlich. Beide Disziplinen entwickelten sich unabhängig voneinander über die Jahrtausende vor dem gleichen philosophischen und kulturellen Hintergrund. Nach dem Ayurveda ist es für jeden Heilungsprozess notwendig, zur inneren Ruhe zu kommen. Um Körper,

Geist und Seele zu harmonisieren, sind daher in den ayurvedischen Kliniken Yoga-, Atem- und Meditationsübungen ein unverzichtbarer Teil der Therapie.

In unserer oft hektischen Zeit ist Vata an den meisten Krankheitsprozessen ursächlich beteiligt. Vata ist das Prinzip der Aktivität und der Bewegung. Werden die Aktivitäten zu viel, entwickelt Vata mit der Zeit eine Eigendynamik, die uns nicht mehr zur Ruhe kommen lässt. Mit dem ansteigenden Vata kommt es zu Störungen wie geistiger »Überdrehtheit«, Schlaflosigkeit, Schmerzen, Nervosität und Stuhlunregelmäßigkeiten. Stress und Dauerbelastung lassen Pitta stark anwachsen. Die Anzeichen einer Pitta-Störung sind Übersäuerung, Gereiztheit und Aggression.

Um in ein Gleichgewicht zurückzufinden, ist es wichtig, die richtige Balance zwischen Ruhe und Aktivität zu leben. Auf jeden Sturm muss die Ruhe folgen, die Balsam für den aufgewühlten Geist und den Körper ist. Auf natürliche Weise wird dies über einen gesunden Wach-Schlaf-Rhythmus erreicht. Zusätzlich sind Methoden der Entspannung, Atem- und Yoga-Übungen wichtig für die körperliche und geistige Gesundheit und Entwicklung. Außerdem werden hierdurch die Sattva-Qualitäten des Geistes wie Reinheit, Klarheit, Offenheit und Flexibilität gefördert.

Yoga ist Bewegung in der Ruhe und Ruhe in der Bewegung. Es geht dabei nicht um akrobatische Leistungen. Im Gegenteil: Jede Überanstrengung wird im Yoga als schädlich angesehen. Yoga und Meditationsübungen können daher von Menschen jeder Altersstufe durchgeführt werden. Jeder sollte dabei seine eigenen Grenzen spüren und danach handeln. Werden jeden Tag ein paar Übungen durchgeführt, werden diese Grenzen sich von

Tag zu Tag erweitern und mit spürbaren Erfolgserlebnissen belohnt werden. Einsteigern in die Yoga- und Meditationspraxis wird geraten, sich zunächst in einem Kurs von einem erfahrenen Lehrer anleiten zu lassen. In der Regel erkennt ein Yoga-Lehrer die individuelle Leistungsfähigkeit und kann gezielt Übungen empfehlen, die für die eigene Konstitution wohltuend sind.

Yoga-Übungen geben ein entschiedenes Gefühl für Maß und Proportion. Auf unseren Körper bezogen, bedeutet dies, dass wir unser wichtigstes Instrument zu spielen und die größte Resonanz und Harmonie daraus zu ziehen lernen.

Yehudi Menuhin

Surya Namaskar

Der Gruß an die Sonne

Der Sonnengruß, Surya Namaskar, ist die Verneigung vor der Sonne und auch die symbolische Verneigung vor dem eigenen inneren Licht. Diese Yoga-Übung ist eine Abfolge von zwölf fließend ineinander übergehenden Bewegungen. Jeder, der die Möglichkeit dazu hat, sollte diese Übung in Richtung Sonne ausführen. Durch die vielseitigen Bewegungsabläufe von Spannung und Entspannung belebt sie den Kreislauf, massiert innere Organe und macht den Körper geschmeidig.

Es braucht einige Zeit an Übung, den Sonnengruß in einem harmonischen Ablauf zu meistern. Gehen Sie zuerst schrittweise die einzelnen Positionen durch. Ist Ihnen die Reihenfolge klar, so versuchen Sie, den gesamten Übungsablauf im eigenen Rhythmus auszuführen.

1. Grußstellung

- Stehen Sie in aufrechter Haltung, die Füße hüftbreit nebeneinander, die Knie leicht gebeugt und den Blick nach vorn gerichtet.
- Legen Sie die Handflächen gegeneinander und führen Sie sie vor die Brust.
- Achten Sie auf eine entspannte Haltung und entspannen Sie auch Ihre Gesichtsmuskulatur.
- Verweilen Sie für einen Moment in dieser Stellung. Verlegen Sie Ihre Achtsamkeit nach innen und stellen Sie sich ein Licht vor.
- Atmen Sie ruhig ein und aus.

2. Armhebung

- Heben Sie während der Einatmung Ihre Arme durchgestreckt in einer gleichmäßigen Bewegung nach oben.
- Beugen Sie den Oberkörper so weit nach hinten, wie es noch angenehm für Sie ist. Der Kopf liegt im Nacken und der Blick ist zur Decke gerichtet.
- Verweilen Sie für einen Moment in dieser Stellung und atmen Sie im ruhigen Rhythmus weiter.

3. Fußfassen

- Richten Sie den Oberkörper während der Ausatmung wieder auf. Die Arme bleiben oben, der Blick ist nach vorne gerichtet. Atmen Sie zwei- bis dreimal ein und aus.
- Bei einer Ausatmung beugen Sie den Körper nach vorne, bis die Hände den Boden berühren. Achten Sie

darauf, dass die Knie nicht durchgedrückt sind, und versuchen Sie, einen geraden Rücken zu behalten.

4. Reiterstellung

- Gehen Sie langsam in die Knie und stützen Sie sich auf Ihren Handflächen auf.
- Führen Sie während der Bewegung das linke Bein gestreckt nach hinten, Knie und Spann des linken Fußes liegen auf dem Boden auf. Bringen Sie das rechte Bein in Hockstellung.
- Drücken Sie die Schultern zurück und versuchen Sie, den Rücken zwischen den Schultern leicht durchzudrücken (kein Hohlkreuz machen!). Der Kopf liegt leicht im Nacken.
- Atmen Sie ruhig ein und aus.

5. Bergstellung

- Verlagern Sie das Gewicht auf die Hände und strecken Sie auch das rechte Bein nach hinten.
- Verteilen Sie das Gewicht gleichmäßig auf Hände und Zehenballen und heben Sie die Hüften an.
- Ähnlich wie bei Liegestützen liegt der Kopf dabei auf einer Achse mit dem Rumpf, der Blick richtet sich auf den Boden. Das Körpergewicht ist gleichmäßig auf Hände und Zehenballen verteilt.

6. Acht-Punkte-Stellung

- Mit einer Ausatmung lassen Sie den Körper absinken.
- Berühren Sie in fast gestreckter Haltung mit acht

Punkten den Boden (zwei Füße, zwei Knie, zwei Hände, Brust, Kinn). Das Gesäß hebt sich leicht nach oben.

- Bleiben Sie am Anfang nur kurz in dieser Stellung und atmen Sie langsam weiter.

7. Kobrastellung

- Atmen Sie ein und drücken dabei mit den Armen den Oberkörper nach oben. Gleichzeitig heben Sie den Kopf und legen ihn leicht in den Nacken. Bei dieser Bewegung senkt sich auch die Hüfte zu Boden.
- Der Brustkorb ist gut gedehnt, die Schultern sind leicht nach hinten gedrückt (kein Hohlkreuz machen!). Atmen Sie leicht.
- Achten Sie darauf, sich im Schulterbereich nicht zu verkrampfen.

8. Bergstellung

- Mit der nächsten Ausatmung senken Sie den Kopf und drücken die Hüfte nach oben, sodass Sie wieder in die Bergstellung kommen (siehe 5).

9. Reiterstellung

- Mit dem Einatmen lassen Sie den Körper in die Hocke absinken und schieben dabei das rechte Bein gestreckt nach hinten, während das linke Bein in Hockstellung verbleibt (siehe 4).

10. Fußfassen

- Schieben Sie beim nächsten Ausatmen das gestreckte Bein nach vorne, beugen Sie den Oberkörper und heben Sie das Gesäß.
- Bringen Sie den Kopf so nah an die Knie, wie es Ihnen möglich ist, und versuchen Sie im Rücken gerade zu bleiben (siehe 3).

11. Armhebung

- Heben Sie während der Einatmung Ihre Arme durchgestreckt in einer gleichmäßigen Bewegung nach oben und nehmen Sie wieder eine aufrechte Haltung ein. Führen Sie dabei die Bewegung von der Hüfte über den Rücken aus.
- Heben Sie in dieser fließenden Bewegung die Arme nach oben über den Kopf und dehnen Sie den Brustkorb.

12. Grußstellung

- Gehen Sie wieder in die Anfangsposition zurück (siehe 1).
- Bringen Sie mit der Ausatmung die Handflächen zusammen und führen Sie sie zur Brust.
- Verweilen Sie einen Moment, bevor Sie die Arme wieder neben den Körper bringen.

Spannungs- und Entspannungsübung

Bei dieser Übung spannen Sie die gesamte Muskulatur für wenige Sekunden an, um anschließend in der Entspannung den ganzen Körper zu spüren.

- Legen Sie sich flach auf den Boden. Die Arme liegen dabei nah neben dem Körper, und die Handflächen zeigen nach oben. Die Beine liegen hüftbreit auseinander, die Füße fallen leicht nach außen. Bleiben Sie für etwa eine halbe Minute in dieser Stellung liegen und atmen Sie ruhig und gleichmäßig.
- Atmen Sie vorbereitend ein und aus und heben Sie mit der nächsten Einatmung die Beine und den Oberkörper etwa zwanzig Zentimeter vom Boden ab. Halten Sie die Atmung an. Spannen Sie mit dieser Bewegung die gesamte Körpermuskulatur so fest an, wie es Ihnen möglich ist. Die Hände sind dabei zu Fäusten geballt, die Zehen in Greifstellung, die Augen ganz fest geschlossen, und die Gesichtsmuskulatur ist fest angespannt.
- Mit der Ausatmung kommen Sie in die entspannende Ausgangslage zurück und erspüren Ihren ganzen Körper. Wiederholen Sie diese Übung dreimal.

Pavana-mukta

Die Knie-Brust-Stellung

Diese Übung ist sehr einfach durchzuführen und hilfreich bei schmerzhaften Blähungen.

- Legen Sie sich flach auf den Boden. Die Arme liegen dabei nah neben dem Körper und die Handflächen zeigen nach oben. Die Beine liegen hüftbreit auseinander, die Füße fallen leicht nach außen. Bleiben Sie für etwa eine halbe Minute in dieser Stellung liegen und atmen ruhig und gleichmäßig.
- Atmen Sie vorbereitend ein und führen Sie das rechte Bein angewinkelt zur Brust. Halten Sie den Atem an und umfassen Sie das Bein mit den Händen unterhalb des Knies. Heben Sie den Kopf und führen Sie die Nasenspitze zum Knie. Mit der Ausatmung kehren Sie in die entspannte Ausgangslage zurück.
- Verweilen Sie einen Moment in dieser Lage und atmen Sie ruhig weiter. Mit einer nächsten Einatmung führen Sie beide Knie zur Brust, umfassen die Knie mit den Händen, heben den Kopf und führen die Nasenspitze zwischen die Knie. Mit der nächsten Ausatmung kehren Sie in die Ausgangsposition zurück.

Die Drehstellung

Diese Sitzübung eignet sich gut, um Verspannungen im Rücken- und Schulterbereich zu lösen. Sie regt außerdem die Durchblutung im Unterleib an und wirkt stimulierend auf die Funktion der Leber und der Nieren.

- Setzen Sie sich mit aufrechter Haltung und ausgestreckten Beinen auf den Boden. Ziehen Sie das rechte Bein an den Körper, der Fuß bleibt dabei auf dem Boden. Umfassen Sie mit der linken Hand das Knie und ziehen Sie dabei das aufgestellte Bein noch etwas näher an den Körper. Stützen Sie sich mit der rechten Hand auf dem Boden ab.

- Heben Sie nun das angewinkelte Bein über das ausgestreckte Bein und stellen den Fuß neben dem linken Knie ab.
- Richten Sie Ihren Oberkörper noch mehr auf und drehen Kopf und Oberkörper leicht zur linken Seite. Verweilen Sie in dieser Stellung für einige Sekunden.
- Kommen Sie zur Ausgangsstellung zurück und führen Sie die Übung mit dem linken Bein und dem rechten Arm durch.

Shan-mukhi-mudra

Der Blick nach innen

Bei dieser Übung werden alle Öffnungen des Kopfes außer dem Mund mit den Fingern geschlossen, sodass keine Eindrücke mehr von außen wahrgenommen werden. Diese Übung ist eine gute Vorbereitung auf die Meditation.

Die Aufmerksamkeit ist dabei ganz nach innen gerichtet, so wird der Klang *(Nada)* des eigenen Körpers hörbar.

- Setzen Sie sich in aufrechter Haltung im Yoga-Sitz auf den Boden oder auf einen Stuhl. Die Wirbelsäule bildet dabei eine Linie mit dem Kopf. Atmen Sie vorbereitend ein und heben die Arme nach oben, sodass Ellbogen und Schultern auf gleicher Höhe sind. Atmen Sie gleichmäßig weiter.
- Verschließen Sie mit den Daumen die Ohren. Die Zeigefinger schließen die Augen, ohne dabei Druck aus-

zuüben. Die Mittelfinger verschließen die Nasenlöcher. Die Ringfinger liegen leicht auf der Oberlippe auf. Die kleinen Finger liegen unterhalb der Unterlippe.

- Atmen Sie gleichmäßig durch den leicht geöffneten Mund weiter und richten Sie Ihre Aufmerksamkeit ganz nach innen. Verbleiben Sie in dieser Stellung so lange, wie es für Sie angenehm ist.

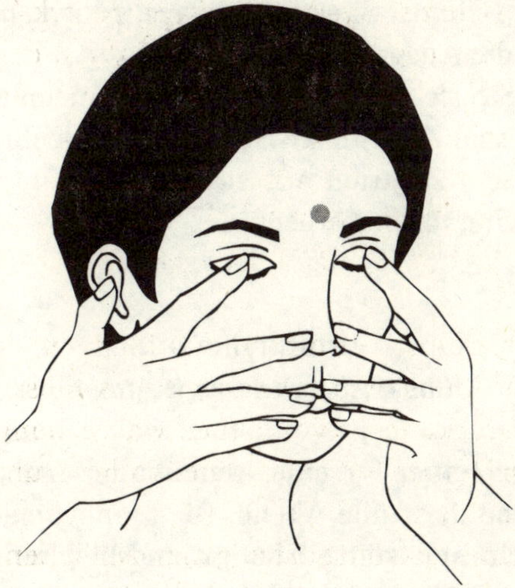

Lichtvisualisierung

Bei dieser Übung schauen Sie für eine kurze Weile in das Licht einer Kerze. Anschließend schließen Sie die Augen und stellen sich die Kerzenflamme als ein inneres Licht vor. Diese Übung klärt den Geist, erwärmt den Körper und entspannt die Gesichtsmuskulatur.

- Stellen Sie eine brennende Kerze in Augenhöhe vor sich und setzen Sie sich in aufrechter Haltung im Yoga-Sitz auf den Boden oder auf einen Stuhl. Die Wirbelsäule bildet dabei eine Linie mit dem Kopf. Die Hände liegen im Schoß.
- Entspannen Sie ganz bewusst die Gesichtsmuskulatur und atmen Sie ruhig und gleichmäßig.
- Richten Sie Ihren Blick konzentriert auf die Kerzenflamme. Nehmen Sie das Bild ganz in sich auf. Schließen Sie die Augen.
- Stellen Sie sich das Kerzenlicht als ein inneres Licht vor, das sein Zentrum zwischen den Augenbrauen hat. Von diesem Zentrum aus strömen Licht und Wärme durch den ganzen Körper.

Pranayama

Das ausbalancierende Atmen

Die besten Zeiten für eine Atemübung sind der frühe Morgen und der frühe Abend. Die Pranayama-Atmung vertreibt Unruhe, stärkt Vitalität und Inspiration, wirkt reinigend und fördert die Ausgeglichenheit von Körper und Geist. Durch ihre heilende, ausgleichende Wirkung und nicht zuletzt dadurch, dass die geistigen Kräfte geweckt werden, haben Pranayama-Übungen eine große Bedeutung im Yoga und im Ayurveda. Prana ist die Lebensenergie, die sowohl in der äußeren Welt wie auch im Inneren des Menschen vorhanden ist. Durch die Atmung findet ein Austausch dieser beiden Kräfte statt.

Die Pranayama-Übung ist eine gute Vorbereitung auf

die Meditation. Sollten Sie sich während oder nach der Pranayama-Übung nicht gut fühlen, müssen Sie die Übung abbrechen bzw. nicht wiederholen. Eine falsch ausgeführte Atmung kann zu Schwindel, Kopfschmerz und anderen Störungen führen. Lassen Sie sich in diesem Fall von jemandem anleiten, der Erfahrung mit der Übung hat.

- Setzen Sie sich in aufrechter Haltung im Yoga-Sitz auf den Boden oder auf einen Stuhl. Die Wirbelsäule bildet dabei eine Linie mit dem Kopf. Kommen Sie zur Ruhe, schließen Sie die Augen und atmen Sie gleichmäßig ein und aus.
- Nehmen Sie die rechte Hand und legen den Daumen leicht an den rechten Nasenflügel und den Mittelfinger leicht an den linken Nasenflügel.
- Atmen Sie vorbereitend ein. Schließen Sie mit dem Daumen das rechte Nasenloch, atmen Sie durch das linke Nasenloch aus und ein. Achten Sie darauf, die Luft ganz auszuatmen.
- Nach dem Einatmen verschließen Sie das linke Nasenloch mit dem Mittelfinger und atmen durch das rechte Nasenloch aus und wieder ein.
- Verschließen Sie das rechte Nasenloch und atmen Sie durch das linke wieder aus.
- Achten Sie darauf, den Atem gleichmäßig fließen zu lassen. Führen Sie die Pranayama-Übung etwa fünf Minuten durch.

Meditation

Ziel der Meditation ist es, zur Ruhe zu kommen und die Stille zu erfahren, die den Menschen eins werden lässt mit Atman, dem Selbst. Durch das gleichmäßige ruhige Atmen verlieren sich Gefühle, Gedanken und Bilder in der Unendlichkeit. Die Meditation führt in einen tiefen Zustand der Entspannung, wirkt harmonisierend auf die Doshas und klärend auf den Geist. Auch für diese Übung gilt: Machen Sie sich zunächst mit der Meditation etwas vertraut und spüren Sie die Wirkung der folgenden Übung. Um die tief greifende Wirkung einer Meditation zu erleben, ist es aber notwendig, von einem erfahrenen Lehrer angeleitet zu werden. Sorgen Sie dafür, dass Sie während der Meditation durch nichts gestört werden.

- Setzen Sie sich in aufrechter Haltung im Yoga-Sitz auf den Boden oder auf einen Stuhl. Die Wirbelsäule bildet dabei eine Linie mit dem Kopf. Die Hände liegen geöffnet mit den Handflächen nach oben locker auf den Oberschenkeln. Schließen Sie die Augen.
- Gehen Sie mit der Aufmerksamkeit durch Ihren ganzen Körper. Spüren Sie, wo Verspannungen sitzen, lassen Sie bewusst los, entspannen Sie. Achten Sie besonders darauf, dass die Gesichtsmuskulatur völlig entspannt ist.
- Atmen Sie durch die Nase ruhig und gleichmäßig in den Bauch. Sie spüren dabei, wie sich die Bauchdecke beim Einatmen leicht hebt.
- Spüren Sie Ruhe. Beim Einatmen spüren Sie »Ru-« und beim langen Ausatmen »-he«. Kommen Sie in Ihren eigenen leichten Atemrhythmus, ohne sich dabei zu konzentrieren.

- Richten Sie Ihre ganze Aufmerksamkeit nach innen, bleiben Sie wach und klar.
- Beenden Sie die Übung nach Ihrem eigenen Willen mit einem tiefen Ein- und Ausatmen. Öffnen Sie die Augen und richten Sie die Aufmerksamkeit wieder nach außen.

Die Sinne – Werkzeuge des Selbst

Wenn ein Mensch über Sinnesdinge nachdenkt,
entwickelt er eine Bindung an sie.
Aus der Bindung entsteht Verlangen
und aus dem Verlangen wird der Zorn geboren.
Aus dem Zorn entsteht die Täuschung,
aus der Täuschung die Verwirrung
und aus der Verwirrung erfolgt die Vernichtung der Unterscheidungskraft.
Dadurch geht der Mensch zugrunde.
Bhagavadgita – Das Buch der Lehren 2.62/2.63

Zurück zur wahren Sinnlichkeit

Um die Wirklichkeit überhaupt wahrnehmen zu können, muss der Mensch sehen, riechen, schmecken, hören und tasten. Die Sinneswahrnehmungen sind für den Menschen das Bindeglied zwischen Innenwelt und Außenwelt. Alles, was wir über unsere Sinne wahrnehmen, durchdringt unsere Gedanken und Gefühle. Durch diese drei Ebenen, bestehend aus Sinneswahrnehmungen, Gedanken und Gefühlen, erschließen sich Raum und Zeit, der eigene Körper und die psychische Dimension der Realität. Ohne sie können wir nicht denken, nicht lernen und nicht fühlen. Jede Kommunikation wäre unmöglich.

Dieser Wahrnehmungsprozess lässt sich leicht an der Entwicklung eines Kindes nachvollziehen.

Es »begreift«, indem es sein Spielzeug unendlich oft in den Händen dreht und betastet, es von allen Seiten ansieht, an ihm saugt und riecht und es hört, wenn es immer wieder zu Boden fällt. Erst wenn ein Kind die ganze sinnliche Dimension seines Spielzeuges erfahren hat, formt sein Verstand ein ganzheitliches »lebendiges« Bild; und erst dann wird es sich einem anderen Spielzeug zuwenden, um die nächste Erfahrung zu machen.

Bleiben wir in der Welt der Kinder, um die Bedeutung der Sinne weiter zu verdeutlichen. Durch ihre unverfälschte, kraftvolle Form der »Wahr«-nehmung werden in ihrer Vorstellungswelt scheinbar leblose Gegenstände lebendig. Sie spüren noch unmittelbar, dass alles, was sie umgibt, ob sichtbar oder unsichtbar, eine Eigenschaft und damit eine spürbare Kraft oder Schwingung besitzt. Über ihre Sinneseindrücke erleben Kinder diese lebendige Kraft. Sie reden mit einem Ball oder einer Blume genauso selbstverständlich wie mit einem Menschen. Ein schöner Teddy mit weichem Fell, das man tasten, riechen und auch noch schmecken kann, dessen lustiges Gesicht einen zum Lachen bringt, ist für das Kind lebendig, weil er auf der Sinnesebene mit ihm kommuniziert und verbunden damit eine »lebendige« Empfindung auslöst.

Nach der ayurvedischen Lehre entsteht die Realitätserfahrung aber nicht nur über die Dimension der Sinne, der Gefühle und der Gedanken. Ohne einen vierten Partner im Spiel, die Seele oder das Selbst, ist sie sogar völlig undenkbar.

Lebendige Wahrnehmung

Der Ayurveda betrachtet das Selbst als die unsterbliche Seele, das wahre Ich oder auch als die innere, göttliche Weisheit des Menschen.

Aus der Unendlichkeit der Zeit betrachtet, birgt die Seele, unser Selbst, das Wissen in sich, das es während seiner vergangenen Leben erfahren hat. Im Moment des Todes verlässt das Selbst den Körper und tritt nach einem bestimmten Zeitraum wieder ein in den Kreislauf von Geburt und Tod.

Das gespeicherte Wissen der Seele wird als die eigene Persönlichkeit erfahren, geprägt durch individuelle Begabungen, Vorlieben und Abneigungen und vor allem durch die Intuition, die uns auf subtile Weise wie eine unsichtbare Hand führt.

Obwohl diese innere, göttliche Weisheit ständig gegenwärtig ist, wird sie von den wenigsten Menschen unmittelbar in ihrer ganzen Dimension wahrgenommen. Trotzdem kann in völlig unerwarteten Momenten eine Botschaft aus unserem Innern in das Bewusstsein treten, die uns spüren lässt, dass es mehr gibt, als der Verstand erschließen kann.

Diese Botschaften können viele Namen haben: mystische Erfahrung, Déjà-vu, Vorahnung oder Intuition. Es kann aber auch ein nicht zu beschreibendes Glücksgefühl sein, das ein Bergsteiger auf dem Gipfel eines Berges oder eine Frau bei der Geburt ihres Kindes erlebt.

Wie auch immer man diese Botschaften für sich bezeichnet, nach der vedischen Lehre entstehen sie aus der in jedem Menschen existierenden Verbundenheit mit dem kosmischen Ganzen. Ziel des Ayurveda wie auch des Yoga ist, diese innere, göttliche Weisheit, das Selbst, zu erkennen und zu erfahren. Der Ayurveda sieht in den Sinneswahrnehmungen, den Gedanken und Gefühlen die Werkzeuge, durch die sich das Selbst ausdrückt und durch die es die Außenwelt wahrnimmt. Voraussetzung für den Weg zur Selbsterkenntnis ist, dass diese Werkzeuge funktionieren.

Übermäßige Sinnesreizungen, durch Zorn, Sorgen oder auch Euphorie aufgewühlte Gefühle und ständiges Nachgrübeln lassen das Bewusstsein im Außen verhaften und stören die Verbindung mit dem Innen. Die Botschaften der inneren Stimme können nicht mehr wahrgenommen werden. Dieser Prozess gleicht einem Filter, der so lange verschmutzt, bis er für Wasser nicht mehr durchlässig ist.

So wie ein Spiegel, der einst mit Staub bedeckt war,
gereinigt glanzvoll erstrahlt,
so wird der, der das Wesen der Seele,
sein eigenes Selbst erkennt,
erstrahlen und frei von allem Kummer sein.
Upanishaden

Der Gelehrte Caraka schreibt in seinen frühen Aufzeichnungen: »Durch die falsche Nutzung der Sinne und Objekte entsteht Krankheit.«
Nutzen wir unsere Werkzeuge übermäßig oder nicht »selbst«-verständlich, etwa indem wir uns immer mehr in Gedanken- oder Gefühlswelten verlieren, so entfernen wir uns von unserem Selbst. Wir verhalten uns falsch, verletzen uns oder werden krank. Um bei der Metapher des Spiegels zu bleiben: Durch die verstaubte Oberfläche eines Spiegels kann man sich selbst nur noch erahnen.
In unserem alltäglichen Sprachgebrauch gibt es Redewendungen, die sich in diesem Sinne sehr gut nachvollziehen lassen: »nicht bei sich selbst sein«, »in Gedanken verloren sein« oder »unbesonnen sein«.
Was tut jemand, der nicht bei sich selbst ist, sich in seinen Gedanken verliert oder unbesonnen handelt? Vielleicht gibt er fünf statt einen Löffel Salz in die Suppe. Er handelt falsch. Oder er geht über die Straße, ohne sich umzusehen. Er wird verletzt. Oder er sieht fern und isst, in Gedanken verloren, über das Maß hinaus. Er wird krank.
Diese plakativen Beispiele machen klar, wie wichtig es ist, bei sich selbst zu sein, in jedem Moment mit allen Sinnen präsent zu sein und bewusst »wahr«-zunehmen, sich nicht den Sinnen und Gedanken einfach zu überlassen.

Nur so können wir die in uns angelegte Unterscheidungskraft erkennen und im Einklang mit unserer Natur handeln.

Die Sinne und die Doshas

Die ayurvedische Lehre umfasst eine umfangreiche Liste von Empfehlungen, wie die Sinne zu benutzen sind, um körperliche und geistige Störungen zu vermeiden oder zu heilen. Alle Sinneseindrücke wie Riechen, Schmecken, Tasten, Hören und Sehen wirken subtil oder unmittelbar auf unsere Doshas. Welche Sinneseindrücke ein Mensch eher bevorzugt, hängt wiederum von der individuellen Dosha-Konstellation ab, die sich in Vorlieben und Abneigungen für bestimmte Farben, Geräusche, Geschmacksrichtungen und Gerüche zeigt. Im Ayurveda werden die Sinne und die Sinnesorgane den fünf Elementen zugeordnet.

Raum:	Hören
Luft:	Tasten
Feuer:	Sehen
Wasser:	Schmecken
Erde:	Riechen

Vata – Hören und Tasten

Menschen mit vorherrschendem Vata-Dosha (Luft/Raum) haben ein ausgeprägtes Musikempfinden und reagieren eher empfindlich auf Geräusche. Sie lieben weiche, anschmiegsame Kleidung, mögen aber meist keine Wollpullover, die sie als unangenehm auf der Haut empfinden.

Pitta – Sehen

Menschen mit vorherrschendem Pitta-Dosha (Feuer/Wasser) sind sehr visuelle Menschen, haben ein gutes Gefühl für Farbzusammenstellungen und mögen schön gestaltete Räume. Allerdings haben sie auch sehr empfindliche Schleimhäute und reagieren schnell mit entzündeten, roten Augen.

Kapha – Riechen und Schmecken

Menschen mit vorherrschendem Kapha-Dosha (Wasser/Erde) sind die Gourmets in der Welt des Geruchs und des Geschmacks. Wegen ihres sensiblen Geruchssinns lieben sie das Spiel mit kostbaren Duftarrangements und die Wohlgerüche der Küche. Da Geruch und Geschmack eng beieinander liegen, bedingt ein Feingefühl für Gerüche auch eine differenzierte Wahrnehmung von Geschmacksnuancen. Kapha-Menschen schwelgen in phantasievoll und gut gewürzten Speisen und haben eine ausgesprochene Leidenschaft für die Kochkunst.

Ein wichtiger Bestandteil der ayurvedischen Gesundheitslehre ist die Sinnesschulung und die gezielte Therapie über die Sinne. Alle Arten der Massagetherapie werden dem Tastsinn zugeordnet. Die Therapie mit unterschiedlichsten Aromastoffen wirkt über den Geruchssinn. Farben beeinflussen die Doshas über den Gesichtssinn, Wortklänge und Musik über den Gehörsinn. Besonders wichtig ist der Geschmackssinn, da die Doshas unmittelbar auf süß, sauer, scharf, salzig, bitter und herb reagieren. Eine ayurvedische Diät kann ent-

scheidend zur Heilung einer Krankheit beitragen (siehe Seite 177 ff.).
Eine detaillierte Aufführung aller Therapien über die Sinne würde den Rahmen dieses Buches sprengen, jedoch werden wir die Bedeutung der Farben, Gerüche und Klänge einführend besprechen und einige Tipps und Empfehlungen für den Alltag geben.
Zum Verständnis sei noch mal erklärt, dass alles, was uns umgibt, ob sichtbar oder unsichtbar, eine spezifische Eigenschaft besitzt, die mit den Eigenschaften der drei Doshas kommuniziert, sie harmonisiert oder erhöht. Deshalb kann auch prinzipiell alles zur Heilung herangezogen werden.
Rufen wir uns noch einmal die Eigenschaften der Doshas ins Gedächtnis. Vata ist leicht, trocken, kühl. Pitta ist heiß, leicht und feucht. Kapha ist schwer, kalt und feucht. Beruhigt werden die Doshas jeweils durch das Gegenteil ihrer eigenen Eigenschaften.

Die Farben und die Doshas

Die Kraft und die Eigenschaften von Farben sind für den Menschen mehr als nur eine Augenweide, denn auf subtile Weise beeinflussen sie unsere Körperfunktionen und auch unser Lebensgefühl. Sie können beruhigend, anregend oder aggressiv wirken. Das gilt vor allem für die Farben unserer Kleidung und unserer Wohnräume. Auch die Farben von Lebensmitteln und die Farbzusammenstellung von Mahlzeiten bleiben nicht ohne Wirkung.

Die Konstitutionstypen spiegeln sich auch hier in ihren Vorlieben und Abneigungen wider. So kann durch den Umgang mit Farben eine harmonisierende Wirkung auf den vorherrschenden oder gestörten Dosha erreicht werden.

- *Wärmende Farben:* Rot, Gelb, Orange, Gold
  Diese Farben wirken erweiternd und anregend.
  Auf der psychischen Ebene fördern sie die Willenskraft, die Ambitionen, die Selbstsicherheit, die geistige Leistungsfähigkeit und wirken allgemein aufheiternd und stimmungsbelebend.
  Auf der körperlichen Ebene regen sie die Funktion von Leber, Milz, Nieren, Darm, Blutkreislauf an. Sie helfen gut gegen Blähungen, bei Erkältungskrankheiten und Atemproblemen, regen den Appetit an und unterstützen die Bildung von roten Blutkörperchen.
- *Kühlende Farben:* Blau, Blaugrün, Silber
  Diese Farben wirken zusammenziehend und besänftigend.
  Auf der psychischen Ebene wirken diese Farben sehr entspannend, unterstützen die spirituelle Entwicklung und inspirieren zu Hingabe und Treue.
  Besonders der obere Kopfbereich, Mund und Hals reagieren positiv auf blaue Farben. Helfen können sie bei allen Beschwerden, die Hitze im Körper verursachen, wie Fieber, Entzündungen, Hautreizungen, Schwellungen oder Kopfschmerzen.
- *Neutrale Farben:* Grün, Violett
  Diese Farben wirken ausscheidend und ausgleichend.
  Auf der psychischen Ebene machen sie glücklich, klar, fördern ein friedfertiges Verhalten und wirken Eifer-

sucht und Ängstlichkeit entgegen. Violett gilt traditionell als spirituelle Farbe.
Grün und Violett fördern die körperliche Energie und Ausdauer, stärken das zentrale Nervensystem und harmonisieren den Säuren-Basen-Haushalt. Die neutralen Farben wirken auf alle drei Doshas ausgleichend.

Harmonisierung durch Farben

- *Vataharmonisierende Farben:* Um die kalte und leichte Eigenschaft von Vata auszugleichen, eignen sich »warme« und »schwere« Farben wie ein sattes Gelb, Orange oder Rot. Ist der Vata-Dosha gestört, fühlt man sich unsicher, entscheidungsschwach, zappelig, vergesslich, sorgenvoll und ängstlich. Über die warmen Farbtöne kann man wieder zu Selbstsicherheit und Entschlossenheit zurückfinden. Auch ein warmes Grün mit hohem Gelbanteil beruhigt, regeneriert und steigert die Konzentration. Generell eignen sich für den Vata-Typ alle warmen Pastellfarben und Grün als neutrale Farbe. Vorsicht ist geboten bei kalten Farben wie Blaugrün und Blau.
- *Pittaharmonisierende Farben:* Der feurige Pitta-Dosha liebt und braucht die Abkühlung. Hierzu eignen sich hervorragend blaugrüne und blaue Töne. Gerade bei den ersten Anzeichen einer Pitta-Störung, die sich in geröteten Augen, Hautreizungen, heißen und schwitzigen Händen zeigen kann oder sich auch in aggressiver Gereiztheit und Intoleranz bemerkbar macht, wirken die kühlenden Eigenschaften von Blau hervorragend. Große Vorsicht ist geboten bei allen grellen, leuchten-

den Farben, insbesondere warmem Gelb, Orange und Rot. Diese Farben werden alle genannten Pitta-Störungen noch weiter verstärken und das Ungleichgewicht fördern.

- *Kaphaharmonisierende Farben:* Zur Kapha-Harmonisierung eignen sich alle intensiven Farben. Helle, warme, leuchtende Töne wirken gegen die Kälte und Schwere von Kapha. Ein leuchtendes Rot regt den Kreislauf an und hilft bei kaphabedingten Stimmungstiefs, Müdigkeit und Bewegungsfaulheit.
  Gleichwertig mit Rot ist ein helles und leuchtendes Gelb oder Gold.
  Es sind die Farben der hoch stehenden Sonne, die Heiterkeit und Leichtigkeit mit sich bringen. Gemieden werden sollte die Farbe Blau mit ihren dämpfenden und kühlen Eigenschaften.

Praktische Anwendungen von Farben

Eine gezielte Farbtherapie kann nur von einem Ayurveda-Arzt bestimmt werden, der sich mit diesem Spezialgebiet befasst hat.

Es sei auch noch einmal erwähnt, dass die meisten Menschen in ihrer Dosha-Konstellation Mischtypen sind, was heißt, dass zwei Doshas vorherrschen. Sind Sie zum Beispiel ein Vata-Pitta-Typ, können Sie sowohl wärmende als auch kühlende Farben verwenden. Spüren Sie, dass zum Beispiel Ihr Haupt-Dosha Vata gestört ist, so reagieren Sie mit vataharmonisierenden Farben. Die wichtigste Voraussetzung, um Störungen zu erkennen und darauf zu reagieren, ist, sich selbst gut zu beobachten und über die Eigenschaften der Doshas Bescheid zu wissen. Im Alltag können Sie die Doshas auf unterschiedliche Weise mit Farben harmonisieren.

- Getränke und Nahrungsmittel wie Gemüse, Salate und Obst können Sie Ihrem Typ entsprechend unter farblichen Gesichtspunkten auswählen. In der Regel sind es auch die Lebensmittel, die durch ihre Geschmackseigenschaften auf den Dosha harmonisierend einwirken. Weitere Informationen können Sie hierzu im Kapitel über die Ernährung der Konstitutionstypen lesen (siehe Seite 177 ff).
- In Ihrer häuslichen Umgebung können Sie mit Farben von Blumen und Pflanzen, Stoff- oder auch Wandfarben arbeiten.
- Für die Auswahl der Garderobe ist es gut, wenn Sie ein oder mehrere Kleidungsstücke tragen, die farblich auf Ihre Doshas abgestimmt sind. Fühlen Sie sich ausgeglichen, entsprechen in der Regel Ihre Lieblingsfarben auch den Farben, die Ihre Haupt-Doshas harmonisieren.
- Eine weitere Möglichkeit besteht darin, mit farbigen Badezusätzen auf die Doshas einzuwirken. Grün und Violett wirken auf alle drei Doshas ausgleichend. Hier bieten sich ein Fichtennadelbad oder ein helles Lavendelbad an. Für Gelb oder Orange können Zitronen- bzw. Orangenbadezusätze verwendet werden.

Die Botschaft der Gerüche

Wie kein anderer unserer Sinne vermag der Geruchssinn verschüttete Erinnerungen wieder in uns aufleben zu lassen. Gerüche sind auf sehr direkte Weise mit unserem Gedächtnis und unseren Gefühlen verbunden. Jeder Mensch kann mit ein und demselben Geruch eine andere Erfahrung verbinden. Der ätzende Geruch von güllegetränkten Feldern kann für den einen höchst unangenehm sein, und für den anderen ist es *der* Geruch, der die Erinnerung an eine glückliche Kindheit auf dem Lande hervorruft.

Ein Geruch dringt tief »unter das bewusste Sein« zu dem universellen Gedächtnis, der inneren Weisheit vor. Von hier aus wird die Summe der gespeicherten Erfahrungen mit diesem Geruch als Impuls an das Bewusstsein zurückgegeben. Dieser Impuls entscheidet über Warnung oder Entwarnung, Entzücken oder Abscheu, Sympathie oder Antipathie. Bei verdorbenen Lebensmitteln reicht es allein aus, sie zu riechen, um die Warnung »Nicht essen!« aus unserem Inneren zu erhalten.

Der ausgeprägte Geruchssinn von Tieren versetzt diese in die Lage, Gefühle wie Angst und Gefahr zu riechen. Sicherlich ist die Behauptung nicht zu gewagt, dass auch der Mensch Gefahr riechen kann. Angst und Stress verändern die chemische Zusammensetzung der natürlichen Schweißabsonderungen. Diese Gerüche können so subtil sein, dass uns ihr Vorhandensein gar nicht bewusst ist, wir sie aber trotzdem wahrnehmen.

Unser Körpergeruch gibt uns auch Aufschluss über un-

seren Gesundheitszustand. Sind zu viele Giftstoffe im Körper, verändern sie die persönliche »Duftnote«. Mundgeruch oder veränderter Schweißgeruch sind Vorwarnzeichen für ein Ungleichgewicht im Körper.
Die Wirkungsbandbreite der Gerüche ist umfangreich. Sie können die Stimmung anheben, sexuell stimulieren, geistig anregen, die Sinne beruhigen, Heilungsprozesse unterstützen, aber auch Krankheiten verstärken.

Wohlgerüche für Körper und Geist

Seit Jahrtausenden werden Gerüche in den unterschiedlichsten Kulturen zu Heilzwecken eingesetzt. Allgemein bekannt ist hierzulande der Eukalyptusduft, der, als Dampf inhaliert oder als Salbe aufgetragen, bei Erkältungen angewendet wird.
Im Ayurveda werden zu hundert Prozent reine ätherische Öle als Duftessenzen angewendet, die gleichgewichtsfördernd die Doshas beeinflussen. Die Einteilung der Gerüche richtet sich hier nach den im Ayurveda unterschiedenen sechs Geschmackseigenschaften: süß, sauer, salzig, scharf, bitter und herb. Der Heilungsprozess wird in Gang gesetzt, indem die Aromaeigenschaften mit den Eigenschaften der Doshas kommunizieren. Besteht eine Krankheit, so ist die Diagnose eines Ayurveda-Arztes die Voraussetzung für eine gezielt eingesetzte Aromatherapie.
Möchten Sie Duftöle zu Hause anwenden, gilt auch hier wieder: Verwenden Sie die empfohlenen Öle, die Ihr Hauptdosha ausgleichen.
Sind Sie sich in der Auswahl nicht ganz sicher, verlassen

Sie sich auf Ihr Gefühl und probieren Sie aus, welcher Geruch Ihnen am meisten liegt. Achten Sie beim Kauf darauf, nur unverfälschte ätherische Öle auszusuchen. Üblicherweise sind sie in Naturkostläden und Apotheken erhältlich.

- *Vata (leicht, trocken, kalt):* Vataberuhigend wirken süße und schwere Duftessenzen wie Zimt, Nelke, Geranie, Rosenholz, Süßholz, Rosmarin, Basilikum. Als belebend und harmonisierend werden auch saure Fruchtaromen empfunden. Dazu gehört der Duft von Orangen, Grapefruits und Zitronen. Gereizt wird der Vata-Dosha durch bittere und herbe Gerüche.
- *Pitta (heiß, leicht, feucht):* Der feurige Pitta-Dosha wird durch kühlende und süße Duftaromen ausgeglichen. Hierzu zählen Sandelholz, Jasmin, Rosenholz, Nelke, Lavendel, Fenchel und grüne Minze. Zusätzlich angefeuert wird der Pitta-Dosha durch saure Gerüche.
- *Kapha (schwer, kalt, feucht):* Der schwere, kalte Kapha-Dosha wird durch intensive, würzig riechende und wärmende Düfte beruhigt. Zu ihnen gehört beispielsweise der Geruch von Eukalyptus, Wacholder, Kampfer, Nelke und Majoran. Der Kapha-Dosha wird verstärkt durch feuchte und erdige Gerüche.

Die Anwendung von Aromaölen:

Duftlampe: Eine Keramikduftlampe zu drei Vierteln mit Wasser füllen und 5 bis 10 Tropfen Öl dazugeben.
Vollbad: Für ein Vollbad werden 10 bis 15 Tropfen Aromaöl mit einem Esslöffel Honig oder einer halben Tasse Sahne verrührt und in das Badewasser gegeben.

Inhalation: Eine mittelgroße Schüssel mit heißem Wasser füllen und 3 bis 5 Tropfen Öl hineinträufeln. Alternativ kann das Öl zur Inhalation auch auf ein Handtuch gegeben werden.
Kompresse: Für eine Kompresse werden 10 Tropfen auf 2 Tassen warmes Wasser verwendet.
Massage: Auf 1 Tasse Massageöl (Sesam-, Mandel-, Kokosnussöl) kommen 15 bis 20 Tropfen Aromaöl.
Wäschetrockner: 3 bis 4 Tropfen Aromaöl auf ein Tuch träufeln und zusammen mit der Wäsche in den Trockner geben.
Bettwäsche: Ein Tuch mit 5 bis 6 Tropfen Öl in den Bettbezug einlegen.

Am Anfang war der Klang

Der unvergängliche Klang OM ist das ganze Universum.
Dieses bedeutet, alles, was war, ist oder sein wird, ist OM.
Mandukya Upanishad 1.1

Die Energieströme sind im Herzen zusammengefasst
wie die Speichen in der Nabe;
dort wohnt das Selbst, das viele Formen annimmt.
Meditiere über OM, um das Selbst zu erfahren.
Du wirst frei von Hindernissen
und gelangst in den Bereich
jenseits der Dunkelheit.
Mundaka Upanishad 2.2.6

In der vedischen Schöpfungsphilosophie heißt es, dass sich aus der unendlichen Stille des göttlichen Urgrundes eine erste Schwingung erhob, die die Manifestation des Universums hervorbrachte. Es war der Urklang OM. In diesem ersten Klang ist alles enthalten, die Gesamtheit der kosmischen Schwingungen. Aus ihm entstanden die Schöpfung, die Welten und alle Wesen, die darin leben.

Das Wort für Klang heißt im Sanskrit »Nada«. Brahman ist der göttliche Ursprung, die höchste Wirklichkeit, in der alle Wahrheit, alles Wissen, jeder Klang, alles Leben enthalten ist. Die Überlieferung besagt, dass die Rishis, die Weisen des alten Indien, durch Meditation in die Tiefe der Stille zum Brahman vordrangen. Sie erfuhren Brahman als die Schwingung, die die gesamte Schöpfung durchdringt. Brahman ist also nicht im Außen, sondern in uns und in allem, was uns umgibt. Alles ist Schwingung, alles ist Klang. Durchdrungen von diesem kosmischen Klang erschufen die Weisen Klangfolgen, die ihr Wissen und ihre Erkenntnisse ausdrückten. Diese Erkenntnisse wurden »Veda«, »das Wissen« genannt. Über Jahrtausende wurde das Wissen der Veden in Form von vedischen Versgesängen mündlich weitergegeben.

Es heißt, dass die vedischen Verse, auch *Mantras* (Gebete, heilige Formeln) genannt, eine geheimnisvolle Macht in sich bergen. Werden ihre Silben und Klangfolgen richtig intoniert, entstehen Schwingungskraftfelder, die reinigend, regenerierend und energetisierend auf den Menschen wirken. Demjenigen, der sie immer wieder rezitiert, ob lautlos oder gesprochen, soll dadurch die eigene göttliche Kraft offenbart werden. Um die Kraft der Sprache zu ergründen und zu erhalten, entstand im alten Indien eine Sprachwissenschaft, die sich mit der

grammatikalischen Struktur der Mantras und deren präzise vorgeschriebener Intonation befasste. Das Wissen um die Heilkraft der Klänge hat sich bis in die heutige Zeit bewahrt.
Der kosmische Urklang OM (»Aum« ausgesprochen) ist das heiligste aller Mantras. Man sagt, dass der Mensch durch den Klang OM die Schwingungen des Universums fühlen kann. Wird OM kräftig ausgesprochen, entsteht eine lang anhaltende Schwingung im Körper. Sie beginnt im Kopf, führt durch den Brustraum in den Bauch bis hin zum Unterbauchbereich. Wird es mit voller Konzentration oft gesprochen und geübt, so kann der ganze Körper in Schwingung gebracht werden, und eine tiefe Ruhe entsteht. Die Rezitation vedischer Mantras wird heute noch in speziellen vedischen Schulen gelehrt. Die Pandits, die vedischen Lehrmeister, achten darauf, dass jede Wortsilbe mit einer genau vorgeschriebenen Betonung intoniert und damit die richtige Schwingung erzeugt wird.
Im Yoga werden spezielle Mantras in der Meditation eingesetzt. Die Wiederholung eines solchen Mantras beruhigt und klärt den Geist (Manas).

Klang reinigt Körper, Geist und Sinne

Im Ayurveda werden die Sinneswahrnehmungen, Gedanken und Gefühle als die drei Werkzeuge unseres Selbst gesehen, durch die es sich ausdrückt und durch die es Erfahrungen macht. Ist diese Verbindung gestört oder, bildlich gesagt, ist dieser Filter verschmutzt, so entfernen wir uns immer mehr von uns selbst, bis wir unsere innere Stimme nicht mehr wahrnehmen.

Klängen wird die Kraft zugesprochen, Gedanken, Gefühle und Sinne zu reinigen und innere Ruhe einkehren zu lassen. Nach indischer Auffassung sind sie ein Mittel, um den Weg zum eigenen Selbst wiederzufinden. Einer der größten indischen Musiker, Ravi Shankar, sagte: »Unsere Tradition lehrt uns, dass der Klang Gott ist. Das bedeutet, dass der Klang von Musik und die musikalische Erfahrung Schritte zur Selbstverwirklichung sind. Wir betrachten die Musik als eine Art geistige Disziplin, die das innere Wesen eines Menschen zu göttlichem Frieden und Glückseligkeit erhebt.«
Die spirituelle Bedeutung der Klänge ist in vielen Ländern der Erde erkannt worden. In Indien findet sie ihre Ausprägung in einer jahrhundertealten Musiktradition, in den *Ragas*. Eine Raga ist eine Folge von Tönen, über die der Musiker improvisiert. Den Ragas sind Gefühlseigenschaften *(Rasa)*, Tages- und Jahreszeiten, Naturkräfte und göttliche Wesen zugeordnet.

Das höchste Ziel unserer Musik besteht darin,
das Wesen des Universums zu enthüllen,
das sie widerspiegelt, und die Ragas gehören
zu den Mitteln, mit denen dieses Wesen
erfasst werden kann.

Ravi Shankar

Die alten Sanskrit-Verse werden Mantras genannt, weil sie den Geist *(Manas)* harmonisieren. Die Klangschwingungen der gesungenen Verse wirken aber gleichzeitig auch ausgleichend auf die Doshas und somit heilend auf den Körper. Im Ayurveda wird das Hören und Singen von Mantras und Ragas empfohlen, um

- innere Ruhe zu finden,
- Nervosität und Abgespanntheit zu überwinden,
- depressiven Gedanken entgegenzuwirken,
- den Blutdruck zu senken,
- einen tiefen, entspannten Schlaf zu unterstützen,
- Körper und Geist zu regenerieren.

Die Inhalte der Verse sind von einer inneren Haltung der Hingabe, Liebe und Verehrung getragen.
Auch wenn solche Klänge beim ersten Zuhören fremd wirken, können sie trotzdem ihre Wirkung entfalten, wenn sie entspannt und mit geöffnetem Herzen gehört oder selbst gesprochen werden.
Folgend werden Mantras, die von einem Pandit (vedischer Gelehrter) zusammengestellt wurden, in Sanskrit und ihrer deutschen Übersetzung aufgeführt (siehe CD im Anhang).
Die ersten Mantras richten sich an die Kräfte von Ganesha, die helfen, Hindernisse aus dem Weg zu räumen.

- 1.

Om shrī ganapataye namah
Om ganeshvarāya namah
Om ganādyakyāya namah
Om ganarādhāya namah
Om ganaprīyāya namah
Om gananāthāya namah
Om ganasvāmine namah
Om ganeshāya namah

- 2. Vorbereitende Erklärung des Pandit

»Nachdem man den Mund gereinigt hat, ist es gut, die

besonderen segensreichen Eigenschaften des Selbstes so, wie es die alte Regel vorschreibt, zu nennen. In den heiligen Schriften wird gesagt, dass man dadurch Kraft erlangt. Ich werde nun die zwölffache Morgenverehrung durchführen, die sich an das helle strahlende Licht wendet, welches sich im ersten Urwesen und in der Sonne zeigt und in meinem Inneren erwacht.«

● 3.

Om	Ich verneige mich vor dem Licht,
Om mitrāya namah ...	welches mein Freund ist,
Om ravaye namah	welches der Urklang ist,
Om sūryāya namah ...	welches die Sonne ist,
Om bhānave namah ...	welches der Lichtstrahl ist,
Om khagāya namah ...	welches alle Räume durchdringt,
Om pūshne namah	welches uns nährt,
Om hiranyagarbhāya namah	welches als goldener Keim der Ursprung des Seins ist,
Om marīcaye namah ..	welches glanzvoll erstrahlt,
Om ādityāya namah ...	welches unvergänglich ist,
Om savitre namah	welches alle Kräfte erweckt,
Om arkāya namah	welches unbeschreiblich hell ist,
Om bhāskarāya namah	welches alles mit seinem Glanz erfüllt.

• 4.

Die folgenden Verse stammen aus der Bhagavadgita, einer der bedeutendsten heiligen Schriften Indiens. In diesen Mantras richtet sich die innere, göttliche Stimme (Krishna) an den Menschen, um sein Bewusstsein auf eine höhere Stufe zu heben:

<3.10>
sahayajnāya prajāh srishtvā
purovāca prajāpatih
anena prasavishyadhvam
esha vo'stv ishtakāmadhuk

Am Anfang schuf der Schöpfer die Wesen zusammen mit der Verehrung. Er sprach: »Durch diese Verehrung werdet ihr gedeihen und eure wahren Wünsche werden Erfüllung finden.«

<10.8>
aham sarvasya prabhavo
mattah sarvam pravartate
iti matvā bhajante mām
budhā bhāvasamanvitah

»Ich bin die Quelle von allem, durch mich schreitet alles voran. Die Weisen haben dies erkannt und verehren mich von ganzem Herzen.«

<8.3>
aksharam brahma paramam
svabhāvo'dhyātmam ucyate
bhūtabhāvodbhavakaro
visargah karmasamjnitah

Der höchste Urgrund des Seins (Brahman) ist unvergänglich, existiert aus sich selbst heraus und wird das höchste Selbst genannt. Er lässt alle Wesen entstehen. Die Schöpfung ist der Bereich der Handlung.

<6.1>
anāshritah karmaphalam
kāryam karma karoti yah
sa samnyāsī ca yogī ca
na niragnir na cākriyah

Wer sich nicht an die Früchte der Handlungen bindet und tut, was getan werden muss, der ist wirklich ein Weiser und ein Yogi. Wer sich aber aus dem Handeln zurückzieht, gelangt nicht zur Weisheit.

<2.11>
ashocyān anvashocas tvam
prajnāvādāmsh ca bhāshase
gatāsun agatāsūmsh ca
nānushocanti panditāh

Du klagst über die, über die es nicht zu klagen lohnt, auch wenn du weise Worte sprichst. Die wirklich Weisen klagen weder über die Lebenden noch die Toten.

<2.20>
na jāyate mriyate kadācin
nāyam bhūtvā bhavitā vā na bhūyah
ajo nityah shāshvato'yam purāno
na hanyate hanyamāne sharīre

Das Selbst wird nicht geboren, noch stirbt es jemals. Da es nicht entstanden ist, wird es auch niemals aufhören zu sein. Es ist ungeboren, ewig und beständig und seit dem Urbeginn da. Das Selbst wird nicht getötet, wenn der Körper getötet wird.

Die Nummerierung der einzelnen Mantras folgt der Bhagavadgita.

Die Nahrung – Wurzel unseres Seins

Aus der Nahrung fürwahr entstehen alle Wesen,
die mit der Erde verbunden sind,
und durch die Nahrung allein leben sie.
Taittiriya Upanishad 2.2.1

Derjenige, der alles umfassend betrachtet,
entwickelt eine Zuneigung zu dem,
was ihm gut tut.
Caraka 1.28.36

Nahrung wirkt ganzheitlich

Der Mensch ist, was er isst

In den alten ayurvedischen Texten wird Nahrung als Heilmittel, als eine der drei Säulen des Lebens beschrieben. Unser Körper und unsere seelische Verfassung werden aus dem genährt, was wir uns zuführen. Alles, was wir essen und trinken, beeinflusst das Gleichgewicht der Doshas und damit die Gesundheit. Der Mensch ist, was er isst. Die richtige Ernährung beugt Krankheiten vor, fördert die Vitalität und das Gedächtnis, das Aussehen und die Stimme und wird als Basis für ein langes, gesundes Leben betrachtet. Was Sie im Allgemeinen über ayurvedische Ernährungsweise wissen sollten, ist in den folgenden Punkten zusammengefasst.

- *Auf die Menge kommt es an*
  Über ein bestimmtes Maß zu essen macht träge und erschwert die Verdauung. Richtig ist, den Magen nur zu zwei Dritteln zu füllen.
- *Ausgewogene Zusammenstellung*
  Im Ayurveda spielen sechs Geschmacksrichtungen eine wichtige Rolle. Sie sollten in einem ausgewogenen Verhältnis in der täglichen Hauptmahlzeit enthalten sein.
- *Qualitativ hochwertige Nahrung*
  Es sollten nur frische, naturbelassene Nahrungsmittel verwendet werden. Vegetarische Kost ist zu bevorzugen.

- *Atmosphäre und Einstellung*
  Mit Achtsamkeit sollte die Nahrung zubereitet werden und in ruhiger angenehmer Atmosphäre verzehrt werden.
- *Jahreszeit, Klima, Region*
  Der Speiseplan sollte den Jahreszeiten und dem Klima angepasst sein. Zu bevorzugen sind Nahrungsmittel aus der Region.
- *Doshaausgleichende Nahrung*
  Jeder Konstitutionstyp sollte die Nahrung zu sich nehmen, die seinen Haupt-Dosha beruhigt. Wird ein Dosha über längere Zeit durch falsche Ernährung gereizt, so kommt es zu Unwohlsein und Krankheit.
- *Pause zwischen den Mahlzeiten*
  Jede Mahlzeit sollte vollständig verdaut sein, ehe die nächste Speise aufgenommen wird. Die durchschnittliche Verdauungszeit liegt zwischen drei bis fünf Stunden. Nicht verdaute Nahrung erzeugt Gase und Giftablagerungen im Körper.
- *Zeit*
  Das Frühstück sollte am Morgen vor 8 Uhr eingenommen werden. Die beste Zeit für eine Hauptmahlzeit liegt zwischen 12 und 13 Uhr. Empfohlen wird, das Abendessen nicht nach 18 Uhr einzunehmen. Spätes Abendessen kann nicht mehr ausreichend verdaut werden. Die Folgen können sich am anderen Morgen in Mattheit, Kopfschmerzen, Blähungen und geschwollenen Augen zeigen.

Der Intuition vertrauen

Körperkult und bewussteres Leben liegen seit einigen Jahren im Trend. Ständig werden neue Diäten, Richtlinien und wissenschaftliche Erkenntnisse zur Ernährung veröffentlicht. Der altbekannte Vorsatz »Ich muss was für mich tun!« endet oft in der Verwirrung: »Was kann ich denn überhaupt noch essen?«
Auch in der ayurvedischen Ernährungslehre gibt es Regeln. Doch die Orientierungssuche nach einer gesunden Lebensweise richtet sich nicht nach außen, sondern beginnt bei der bewussten Wahrnehmung unserer ureigenen Natur. Sich selbst zu erspüren und aus Erfahrung zu lernen, Impulse aus dem Inneren ernst zu nehmen und der Intuition zu vertrauen, das ist die Basis für ein gesundes Leben.

Individuelle Vorlieben und Abneigungen

Es ist wichtig zu verstehen, dass der Ayurveda nicht generell zwischen bekömmlichen und unbekömmlichen Nahrungsmitteln unterscheidet. Was dem einen gut tut, kann für den anderen schädlich sein. Das gilt genauso für die Tasse Kaffee am Morgen oder das Glas Wein am Abend wie für alle Arten von Rohkost. Jeder Mensch hat seine individuellen Vorlieben und Abneigungen, die von seiner natürlichen Körperintelligenz gesteuert werden. Das bedeutet: Befindet sich der Mensch im Gleichgewicht, ist er aufmerksam und klar gegenüber sich selbst, so wird sein Bedürfnis nach bestimmter Nahrung von seinem inneren Gefühl gesteuert. Er nimmt zu sich, was gut für ihn ist. Auch passt er seine Ernährungsweise an die Jahreszeiten an und bevorzugt dementsprechende Nahrungsmittel. Zum Beispiel sollten im Winter keine kühlenden Speisen gegessen werden.

Jeder Konstitutionstyp bevorzugt intuitiv die für ihn richtige Nahrung. So erklärt sich der individuelle Appetit auf etwas Saures, Süßes, Salziges oder die Unlust, Obst oder Salate zu essen.

Der Vata-Typ mag eher mild gewürzte, warme Speisen und freut sich über eine Essiggurke. Der Pitta-Typ bevorzugt Rohkost und kühlende Getränke, der Kapha-Typ hingegen liebt scharf gewürzte Gerichte.

Die ayurvedische Ernährungslehre berücksichtigt das individuelle Temperament eines Menschen und teilt nicht, wie die moderne Ernährungswissenschaft, Nahrung allgemein in Kalorienwerte und Inhaltsstoffe auf.

Nahrung ist Lebensenergie

Der Ayurveda rät uns zu pflanzlicher Nahrung, die der Jahreszeit entspricht und in der Region wächst, in der wir leben. Je frischer die Pflanzen sind, die wir zu uns nehmen, desto stärker kann sich ihre natürliche Lebenskraft positiv auswirken. Erinnern wir uns daran, dass die Doshas als lebendige Kräfte auch in den Pflanzen enthalten sind und wir durch die Nahrungsaufnahme ihre Energie unserem eigenen Körper zuführen. Alle Nahrungsmittel, die chemisch behandelt, mit Konservierungsstoffen haltbar gemacht, maschinell bearbeitet und eingefroren sind, verlieren ihre ureigene Lebenskraft. Aus der Sicht des Ayurveda stört denaturierte

Nahrung das natürliche Gleichgewicht im Körper; als Folge davon entwickeln sich Schlackenstoffe, *Ama*. Aus der Ansammlung von Ama, den gärenden Abfallstoffen, entstehen Immunschwäche und Krankheiten.
Lassen Sie sich bei der Auswahl der Nahrung von Ihrem Gefühl und Ihrer Erfahrung leiten, aber nicht von Ihren Sinnen täuschen. Gesundes, frisch und gut aussehendes Gemüse kann heutzutage stark manipuliert sein. Die Vielzahl von Inhaltsstoffen in industriell gefertigten Nahrungsmitteln kann unseren Geschmackssinn täuschen. Die Entscheidung für naturbelassene Lebensmittel ist die Voraussetzung für ein gesundes Ernährungskonzept.

Die richtige Geisteshaltung

In unserer heutigen Zeit wird es immer wichtiger, dass wir nicht gänzlich die Beziehung zu dem verlieren, was wir essen. Nahrung ist Lebenskraft, die sich erst dann wirklich entfalten kann, wenn sie mit der rechten Geisteshaltung aufgenommen wird.
Die alten indischen Gelehrten sahen in der Nahrung die Wurzel unseres Seins, und in der Taittiriya-Upanishad wird Nahrung als göttlich verehrt. Achtsamkeit in Auswahl und Umgang mit der Nahrung und Aufmerksamkeit beim Essen sind die unabdingbaren Voraussetzungen dafür, dass die Energie sich in ihrer ganzen Kraft in uns entfalten kann.
Der unmittelbare Kontakt zur Nahrung fördert auch die Intuition, die uns das Wesen und die Eigenschaften der Nahrung erspüren lässt. Bewusstes Sehen und Beobach-

ten, das Tasten und Arbeiten mit den Händen, das Spüren der Geschmacksempfindung können uns wieder in eine enge Beziehung zu dem bringen, was uns Lebensenergie schenkt. »Essen hält Leib und Seele zusammen«, dieses alte Sprichwort birgt eine tiefe Wahrheit in sich. Essen ist mehr, als nur ein Hungergefühl zu stillen.

Es ist leicht, sich vorzustellen, dass die Wirkung von Salat intensiver ist, wenn er unter der eigenen Pflege gewachsen ist, mit Freude und Stolz geerntet und mit dem entsprechenden Genuss verspeist wird. Auch wenn der Eigenanbau von Lebensmitteln für die meisten nicht durchführbar ist, so haben Sie vielleicht doch die Möglichkeit, Ihren eigenen kleinen Kräutergarten auf der Fensterbank oder dem Balkon anzulegen. Freuen Sie sich am Entstehen einer Pflanze, an ihrem Aussehen, ihrem Geruch und an ihrem Wachstum, das durch Ihre Pflege gedeiht. Für die Blumenkastenhaltung eignen sich Basilikum, Petersilie, Peperoni, Salbei, Koriander, Rosmarin, Schnittlauch und vieles mehr.

Sehen wir die Nahrung als ein Geschenk der Natur, bewirkt die innere Haltung der Dankbarkeit eine heilsame Schwingung.

Kochen und Essen – Ein sinnliches Erlebnis

Die Zubereitung von Speisen sollte keine Nebensache sein, sondern die ungeteilte Aufmerksamkeit des Kochs oder der Köchin beanspruchen. Nach der ayurvedischen Lehre fördern die richtige Aufmerksamkeit und liebevolle Gedanken nicht nur das Gelingen, sondern auch die Bekömmlichkeit und die optimale Wirkung der Speise.

Eine gezielte Vorbereitung sensibilisiert für das »Kochritual«. Dazu gehört die gründliche Reinigung der Hände und Nägel, geeignete Kleidung, die Vorbereitung der Küche und das Zurechtlegen der Zutaten. Freuen Sie sich an Aussehen und Qualität der Lebensmittel.
Setzen Sie bei Ihrem Kochritual alle Sinne ein. Die Arbeit mit den Händen, das Riechen und Schmecken und die Sensibilisierung für Geräusche fördern die positive emotionale Befindlichkeit und die Kreativität beim Kochen. Kochen erfordert das richtige Feingefühl. Langsames, schonendes Garen entfaltet das Aroma, und die Mahlzeit wird leichter verdaubar. Dagegen belasten aggressiv angebratene Lebensmittel den Stoffwechsel.
Höhepunkt eines jeden Kochrituals ist das Essen in angenehmer Atmosphäre. Unsere sinnlichen Wahrnehmungen kommunizieren zu jeder Zeit mit unseren Doshas. So werden ein schön gedeckter Tisch, liebevoll angerichtete Speisen und eine Atmosphäre, in der wir uns wohl fühlen und mit Genuss essen, zur besten Medizin.

Die sechs Geschmacksempfindungen

Über den Geschmackssinn drückt sich die unterscheidende Weisheit unseres Körpers aus. Das lateinische Wort *sapientia*, die Weisheit, ist abgeleitet von *sapor*, der Geschmack. Frei übersetzt kann *sapientia* als »innerliches Schmecken« verstanden werden.
Der Ayurveda ordnet die Eigenschaften der unterschiedlichen Geschmacksrichtungen den Eigenschaften der

fünf Elemente zu. Ausgehend von *sapientia*, der Weisheit, können wir den Gedanken weiterführen und sagen, durch den Geschmack spricht die Weisheit der Natur zu uns. Hierin liegt auch der Schlüssel zum Verständnis der ayurvedischen Ernährungslehre. Der Ayurveda unterscheidet zwischen sechs verschiedenen Geschmacksempfindungen (Rasas): süß, sauer, salzig, scharf, bitter, herb. Ob wir eine Speise als schmackhaft empfinden, wird durch unser persönliches Geschmackserlebnis bestimmt, das von unserer Dosha-Konstellation abhängt. Gleichzeitig verbindet unsere Erinnerung mit einem bestimmten Geschmack auch gute und schlechte Erfahrungen, sowohl auf körperlicher als auch auf geistiger Ebene. Der eine Mensch reagiert auf scharfe Speisen mit Magenbeschwerden, der andere fühlt sich durch sie beschwingt.

Wie die Doshas Vata, Pitta und Kapha sind auch die Geschmacksrichtungen in ihren Eigenschaften (Guna) – feucht, trocken, kalt, heiß, leicht, schwer – den fünf Elementen zugeordnet. Kennen wir unseren Konstitutionstyp, so wird leicht verständlich, warum wir bestimmte Geschmacksrichtungen bevorzugen, warum uns das eine Nahrungsmittel gut tut und das andere schlecht bekommt. Um das Gleichgewicht der Kräfte im Körper zu bewahren, sollte jeder darauf achten, dass sein vorherrschender Dosha mit der Nahrung beruhigt und nicht über längere Zeit gereizt wird.

Verbunden mit den Eigenschaften der Nahrung ist ihre Kraft (Virya), die den Körper erhitzt oder abkühlt und direkt die Verdauung beeinflusst. Leicht und heiß sind verdauungsanregende Eigenschaften, schwer und kalt sind dagegen verdauungshemmende Eigenschaften.

Wer die Vielfältigkeit der Geschmacksrichtungen
und der Doshas kennt,
der wird nicht fehlgehen bei der Erkennung und
Behandlung einer Krankheit.

Caraka 1.26.27

Die Wirkung der sechs Geschmacksrichtungen

Mit der Nahrungsaufnahme wirken alle sechs Geschmackseigenschaften unmittelbar auf die Doshas und damit auf unser gesamtes Befinden. Bei einem gesunden Menschen soll die tägliche Hauptmahlzeit alle sechs Geschmacksrichtungen in einem ausgewogenen Verhältnis enthalten. Bei einem leichten Ungleichgewicht wird sich normalerweise das Bedürfnis nach einem bestimmten Geschmack melden, der den entsprechend erhöhten Dosha beruhigt.

Im Ayurveda ist das Zusammenspiel der Geschmackseigenschaften und der Doshas detailliert erforscht worden. Ein Ayurveda-Arzt wird bei den ersten Anzeichen einer Gesundheitsstörung zunächst versuchen, das Gleichgewicht durch einen individuellen Ernährungsplan wiederherzustellen. Gezielt eingesetzt, kann ein bestimmter Geschmack auch eine Dosha-Störung ausgleichen.

Ein gesunder Mensch braucht keine Listen, nach denen er sich ernährt! Die folgenden Erläuterungen sollen dazu dienen, eigene Vorlieben für und Abneigungen gegen einen bestimmten Geschmack zu interpretieren, um bei Unwohlsein das Gleichgewicht durch gezielte Ernährung selbst wiederherstellen zu können.

Der süße Geschmack

Geschmack	Eigenschaft	Verdauung	harmonisiert	reizt
SÜSS Erde/Wasser	schwer, feucht, kühl	verlangsamt	Vata/Pitta	Kapha

Nahrungsmittel mit süßer Qualität vitalisieren Körper, Geist und Seele, fördern die gute Laune und in der Jugendzeit das Wachstum. Der Vata- und der Pitta-Typ werden durch Süßes mehr »geerdet«, und ihre Stimmung wird ausgeglichen und ruhig. Bei einem Zuviel an süßer Nahrung reagiert der Kapha-Typ auf die Reizung seines vorherrschenden Dosha (Erde/Wasser) mit Schwere, Lethargie, Gewichtszunahme und Anfälligkeit für Erkältung.
Süße Nahrungsmittel: Getreideprodukte, Reis, Nudeln, Karotten, Süßkartoffeln, alle Süßspeisen.

Der saure Geschmack

Geschmack	Eigenschaft	Verdauung	harmonisiert	reizt
SAUER Erde/Feuer	heiß, feucht, schwer	stimuliert	Vata	Pitta/Kapha

Der saure Geschmack wird den Elementen Erde und Feuer zugeordnet und ist sehr beliebt bei Menschen mit dominierendem Vata-Dosha. Saure Nahrungsmittel wecken auf und fördern die sinnliche Wahrnehmung. Ein Zuviel an saurer Kost bringt Pitta aus dem Gleichgewicht, macht durstig und steigert Nervosität und Körpergeruch.
Saure Nahrungsmittel: Sauermilchprodukte, Joghurt, Quark, Zitrone, saures Obst, Essig, in Essig eingelegte Nahrung, saure Gurken.

Der salzige Geschmack

Geschmack	Eigenschaft	Verdauung	harmonisiert	reizt
SALZIG Feuer/Wasser	heiß, feucht, schwer	stimuliert	Vata	Pitta/Kapha

Der salzige Geschmack wird den Elementen Feuer und Wasser zugeordnet. Er regt die Verdauung an und harmonisiert Vata. In Maßen wirkt Salz stabilisierend bei Gefühlsschwankungen. Werden Pitta und Kapha durch Salziges gereizt, kommt es zu großem Durst, Wasserstau im Gewebe, Hautreizungen und Magenbeschwerden.
Salzige Nahrungsmittel: alle Salzarten; stark gesalzene Lebensmittel wie Chips, Salzstangen; eingekochte Fertiggerichte.

Der scharfe Geschmack

Geschmack	Eigenschaft	Verdauung	harmonisiert	reizt
SCHARF Luft/Feuer	heiß, leicht, trocken	stimuliert stark	Kapha	Pitta/Kapha

Der scharfe Geschmack wird den Elementen Luft und Feuer zugeordnet. Er beschleunigt die Verdauung und ist daher sehr gut für Kapha-Menschen. Seine trockene Eigenschaft macht ihn für Vata-Typen eher ungeeignet, da er die Haut zusätzlich austrocknet. Durch ihre Eigenschaften heiß, leicht und trocken stärken scharfe Nahrungsmittel bei Kapha-Menschen Willenskraft, Leidenschaft und geistige Aktivität. Nehmen Pitta-Menschen über längere Zeit scharf gewürzte Gerichte zu sich, kann es zu Durchfall und Magenbeschwerden kommen.

Scharfe Nahrungsmittel: Ingwer, alle scharfen Gewürze und Kräuter; Knoblauch, Zwiebeln.

Der bittere Geschmack

Geschmack	Eigenschaft	Verdauung	harmonisiert	reizt
BITTER Raum/Luft	kühl, leicht, tocken	verlangsamt	Kapha/Pitta	Vata

Der bittere Geschmack wird den Elementen Luft und Raum zugeordnet. Er harmonisiert Kapha- und Pitta-Störungen und kann dadurch gut bei der Regulierung von Verdauungsproblemen eingesetzt werden. Da bittere Lebensmittel die gleichen Eigenschaften wie Vata besitzen, wird bei häufigem Genuss der Körper ausgetrocknet, die Beweglichkeit eingeschränkt, und die Verdauungsorgane werden geschwächt.
Bittere Nahrungsmittel: viele Salate wie Chicorée, Endivien, Rucola; bestimmte Kräuter und Gewürze, Bittermandel.

Der herbe Geschmack

Geschmack	Eigenschaft	Verdauung	harmonisiert	reizt
HERB Luft/Erde	kühl, leicht trocken	verlangsamt	Pitta/Kapha	Vata

Der herbe Geschmack, der im Ayurveda wegen seiner zusammenziehenden Wirkung »zusammenziehend« genannt wird, wird den Elementen Luft und Erde zugeordnet. Preiselbeeren haben etwa diesen zusammenziehenden Geschmack, der zu einem trockenen Mund

und pelziger Zunge führt. Für den Pitta-Typen reguliert der herbe Geschmack wohltuend das Verdauungsfeuer. Ein Zuviel an herber Kost erhöht Vata im Körper und trocknet die Haut aus. Kapha wird durch den herben Geschmack beschwingter.
Herbe Nahrungsmittel: Granatäpfel, Rhabarber, Preiselbeeren, Heidelbeeren, Hülsenfrüchte, einige Gemüsesorten wie Spinat, Spargel und Brokkoli.

Richtige Ernährung für den Vata-Typ

Menschen mit vorherrschendem Vata-Dosha bevorzugen Speisen, die in ihrer Konsistenz weich sind und einen feinen, süßen, aromatischen Geschmack haben. Sie lieben Gewürze wie Vanille, Zimt, Kardamom, und ihre Lieblingsfrucht ist oft die Banane.
Zum Ausgleich der kalten und trockenen Eigenschaften von Vata hat der Vata-Mensch das Bedürfnis nach warmen und mit Fett angereicherten Speisen. Suppen, Aufläufe und Soßen, die mit Sahne zubereitet sind, tun ihm sehr gut. Für ein frisches Butterbrot mit Salz oder Honig verzichtet er gerne auf ein aufwendigeres Gericht. Empfohlen werden regelmäßige warme Mahlzeiten dreimal am Tag. Neben seiner Vorliebe für Süßes und Salziges schätzt er auch die saure Geschmacksrichtung.
Die »trockenen« Vatas brauchen zum Ausgleich viel Flüssigkeit. Frische Fruchtsäfte, Kräutertees und heißes oder warmes Wasser sind sehr gut geeignet. Bei allen Vorlieben für bestimmte Speisen gilt aber, einen ausgewogenen Ernährungsplan nicht aus den Augen zu verlieren.
Kalte Speisen und Getränke oder auch zu viel Salate

und rohes Gemüse erhöhen den Vata-Dosha. Der Vata-Mensch wird sie daher intuitiv ablehnen. Da zu langes Fasten den Vata-Dosha erhöht, gilt als Daumenregel: nicht länger als drei Tage.

↗ Geschmack: süß – sauer – salzig
↗ warme Speisen und Getränke
↗ mit Fett (Ghee) oder Öl angereicherte Speisen
↗ leicht verdauliche Gerichte
↗ regelmäßiges Essen
↗ ruhige Atmosphäre beim Essen
↗ langsames und genussvolles Essen

Nahrung für den Vata-Typ

Gemüse

↗ Gurken – Karotten – Kartoffeln (süß) – Kohl – Kürbis – Rettich – rote Bete – Spargel
↘ Auberginen – Brokkoli – Erbsen – Paprika – Pilze – Sellerie – Zwiebeln (roh)

Obst

↗ Ananas – Aprikosen – Avocados – Bananen – Beeren – Honigmelonen – Kirschen – Mangos (süß) – Orangen – Pflaumen – Trauben
↘ Birnen – Granatäpfel – Papayas – Preiselbeeren – Trockenfrüchte – Grapefruits – saure Orangen – Tomaten (grün) – Pflaumen (sauer)

Hülsenfrüchte und Getreide

↗ Linsen – Hafer (Haferschleim) – Getreide: Reis – Weizen – Weizenkleie

↘ Buchweizen – Gerste – Hirse – Hülsenfrüchte – Mais – Roggen

Gewürze

↗ Dill – Gewürznelken – Kardamom – Knoblauch – Kümmel – Meersalz – Safran – Senfsamen – Zimt

↘ scharfe Gewürze

Süßmittel

↗ alle Arten von Süßmitteln

↘ weißer Zucker

Milch und Milchprodukte

↗ alle Arten von Milchprodukten

↘ Eis

Nüsse und Samen

↗ alle Arten von Nüssen und Samen

Nicht vegetarische Nahrung

→ alle weißen Fleischsorten (Geflügel, Fisch) – Hase – Eier (nicht roh)

↘ Lamm – Schwein – Rind – Wild

Öle und Fette

↗ alle Arten, insbesondere Ghee und Sesamöl

↗ harmonisiert

↘ sollte reduziert oder gemieden werden

→ neutral

Richtige Ernährung für den Pitta-Typ

Pitta reguliert den Stoffwechsel, die Körperwärme und die Verdauung. Menschen mit vorherrschendem Pitta-Dosha sind die feurigen Temperamente unter den Konstitutionstypen. Durch ihr sehr aktives Verdauungsfeuer haben sie nach einer eingenommenen Mahlzeit bald wieder Hunger. Für den Pitta-Typ ist es daher wichtig, regelmäßig zu essen und zu trinken. Um ihre Hitze nicht zu verstärken, bevorzugen Pitta-Typen kühle Speisen und Getränke, besonders wenn das Klima warm und feucht ist. Sie mögen Nahrungsmittel mit bitterer, herber und süßer Geschmacksrichtung. Alle Arten von Rohkost wie Salat und süßes Obst sind gut für sie.
Wie für den Vata-Menschen ist es auch für den Pitta-Typ wichtig, viel zu trinken. Naturbelassene, süße Traubensäfte und der herb schmeckende Granatapfelsaft harmonisieren den Pitta-Dosha. Gekochte Speisen sollten nur mild gewürzt sein, da alle scharfen Gewürze das ohnehin starke Verdauungsfeuer noch mehr anregen. Pitta-Menschen sollten darauf achten, trotz ihres großen Appetits nicht zu viel zu essen. Als Vorspeise ein Salat mit herber Geschmacksrichtung oder ein Granatapfelsaft dämpfen übermäßigen Hunger. Gleich dem Vata-Dosha neigt auch der Pitta-Dosha bei längerem Fasten zur Störung.

- Geschmack: bitter – herb – süß
- kühle Speisen und Getränke
- ausreichendes Essen
- regelmäßige Mahlzeiten
- mild gewürzte Speisen

↗ Rohkost und Salate
↗ Trauben- und Granatapfelsaft

Nahrung für den Pitta-Typ

Gemüse

↗ Blumenkohl – Brokkoli – Erbsen – grüne Bohnen – Gurken – Kartoffeln – Kürbis – Okra – Paprika (grün) – Pilze – Rosenkohl – Salate – Spargel – Stangensellerie
↘ Auberginen – Karotten – Paprika (rot) – Rettich – rote Bete – Spinat – Tomaten – Zwiebeln (roh)

Obst

↗ Äpfel – Avocados – Dörrobst – Feigen – Granatäpfel – Kirschen – Mangos – Melonen – Orangen – Pflaumen – Rosinen – Trauben – Dörrobst
↘ Äpfel (sauer) – Aprikosen – Beerenobst – Grapefruits – Kirschen – Orangen – Papayas – Pfirsiche – Pflaumen (sauer) – Preiselbeeren – Trauben (grün) – Zitronen

Hülsenfrüchte und Getreide

↗ alle Hülsenfrüchte – Getreide: Gerste – Hafer (gekocht) – Reis – Weizen – Weizenkleie
↘ Buchweizen – Hirse – Linsen – Mais – Roggen

Gewürze

↗ Dill – Fenchel – Gelbwurz – Kardamom – Koriander – Minze – Zimt
↘ alle scharfen Gewürze – Knoblauch – Salz – Senfkörner

Mittel zum Süßen

↗ Rohrzucker

↘ Honig und Melasse

Milch und Milchprodukte

↗ Butter (ungesalzen) – Ghee – Hüttenkäse – Kuhmilch – Schafmilch – Ziegenmilch

↘ Buttermilch – Joghurt – Käse – Quark – saure Sahne

Nüsse und Samen

↗ Kokosnuss – Kürbissamen – Mandeln – Sonnenblumenkerne

↘ alle anderen Arten von Nüssen und Samen

Nichtvegetarische Nahrung

→ weiße Fleischsorten (Geflügel, Fisch) – Wild – Garnelen in kleinen Mengen – Eiweiß

↘ Lamm – Schwein – Rind – Meeresfrüchte – Eigelb

Öle und Fette

↗ Kokosöl – Olivenöl – Sonnenblumenöl

↘ Mandelöl – Maisöl – Safranöl

↗ harmonisiert

↘ sollte reduziert oder gemieden werden

→ neutral

Richtige Ernährung für den Kapha-Typ

Die Menschen mit vorherrschendem Kapha-Dosha sind die ruhigen, ausgeglichenen Temperamente unter den Konstitutionstypen. Kapha bildet Körpergewebe, steht für Widerstandskraft und fördert Gewicht und Masse.

Ist der Kapha-Dosha über längere Zeit gestört, kommt es zu starker Gewichtszunahme. Im Allgemeinen haben die Kapha-Menschen mäßigen Hunger, lieben es aber zu essen und sind oft gute Köche.

Durch ihre langsame, eher träge Verdauung bevorzugen sie scharf gewürzte, trockene und leichte Speisen, die mit wenig Öl und Fett zubereitet sind. Nahrungsmittel mit herbem und bitterem Geschmack harmonisieren Kapha. Dazu gehören Salate mit vielen Kräutern oder auch ein Rhabarberkompott zum Nachtisch. Für den Kapha-Typ ist es bekömmlich, heißes Wasser zu trinken, am besten heißes Ingwerwasser. Durch seine heiße, leichte und trockene Eigenschaft harmonisiert Ingwer den Kapha-Dosha.

Zur Kapha-Harmonisierung ist Fasten gut geeignet; dieses sollte aber unter qualifizierter Anleitung durchgeführt werden. Nach jeder Kur fühlt sich der Kapha-Konstitutionstyp beschwingt, leicht und klar in seinen Sinneswahrnehmungen.

Auf jeden Fall sollte der Kapha-Typ sehr vorsichtig bei süßen und fetten Speisen sein; sie bringen ihm eine sofortige Gewichtszunahme ein.

- Geschmack: scharf – bitter – herb
- warme Speisen und Getränke
- leicht verdauliche Mahlzeiten

↗ halb gar gedünstete Speisen
↗ Abendessen vor Sonnenuntergang
↗ keine Zwischenmahlzeiten
↗ heißer Ingwertee

Nahrung für den Kapha-Typ

Gemüse

↗ Auberginen – Blumenkohl – Brokkoli – Karotten – Kartoffeln – Knoblauch – Kohl – Okra – Paprika – Pilze – Rettich – Rosenkohl – Salate – Sellerie – Spargel – Zwiebeln
↘ Bohnen – Gurken – Tomaten – Zucchini – Zwiebeln

Obst

↗ Äpfel – Aprikosen – Beerenobst – Granatäpfel – Kirschen – Mangos – Rosinen – Trockenfrüchte
↘ süße und saure Früchte wie Bananen – Feigen – Orangen – Pflaumen – Zitronen

Hülsenfrüchte und Getreide

↗ fast alle Hülsenfrüchte – Getreide: Gerste – Mais – Hirse – Hafer – Reis in Maßen – Weizen – Weizenkleie
↘ weiße Bohnen – Linsen (dunkel) – Reis – Hafer (gekocht)

Gewürze und Kräuter

↗ Chili – Gelbwurz – Gewürznelken – Ingwer – Kardamom – Koriander – Kümmel – Pfeffer (schwarz) – Senfsamen – Thymian – Zimt – scharfe Gewürze
↘ Salz

Süßmittel

↗ Honig

↘ alle anderen Süßmittel

Milch und Milchprodukte

↗ Butter – Ghee – Buttermilch – Quark

↘ alle anderen Milchprodukte

Nüsse und Samen

↗ Kokosnuss – Kürbissamen – Mandeln – Sonnenblumenkerne – Pistazien

↘ fast alle anderen Arten von Nüssen und Samen

Nichtvegetarische Nahrung

→ weiße Fleischsorten (Geflügel, Fisch) – Wild – Garnelen – Eier

↘ Lamm – Schwein – Rind – Meeresfrüchte

Öle und Fette

↗ Sonnenblumenöl (wenig) – Mandelöl – Maisöl

↘ alle anderen Öle

↗ harmonisiert

↘ sollte reduziert oder gemieden werden

→ neutral

Das Verdauungsfeuer

Man sollte entsprechend dem Maß essen.
Das Maß der Nahrung ist widerum bedingt durch
die Kraft des Verdauungsfeuers.
Caraka 1.5.3.

Die Kraft des Verdauungsfeuers, im Ayurveda Agni genannt, wandelt die Nahrung in die für uns so lebenswichtige Energie um. Außerdem ist Agni dafür verantwortlich, dass nicht verdaute Nahrungsreste verbrannt und ausgeschieden werden und sich nicht als Giftstoffe (Ama) im Körper ablagern. Weicher Stuhl und eine regelmäßige Darmentleerung deuten auf eine gute Verdauung hin. Eine gestörte Verdauung zeigt sich unmittelbar in Mattheit und Müdigkeit, denn der Körper konnte nicht die notwendige Energie aus der Nahrung gewinnen. Eine gut funktionierende Verdauung zeigt sich nicht nur in schöner Haut, einem starken Immunsystem und reinem Atem, sondern auch in emotionaler und geistiger Klarheit.
Die Ursache vieler Krankheiten liegt in einer Störung des Verdauungssystems, die wiederum in einer falschen Lebensweise fußt.
Hier noch einige Tipps, worauf alle Konstitutionstypen achten sollten.

- Keine kalten Getränke während des Essens, da sie eine gute Verdauung stören.
- Gut gekaute Nahrung unterstützt die Verdauung.
- Die beste Zeit für eine Hauptmahlzeit liegt zwischen 12 und 13 Uhr. In dieser Zeit arbeitet die Verdauung am stärksten.

- Am Abend sollten keine schwer verdaulichen Speisen gegessen werden. Rohkost, Vollkornbrot, Käse, Sauermilchprodukte und Fleisch gelten als schwer verdaulich. Das Abendessen sollte nicht nach 18 Uhr eingenommen werden.
- Scharfe Gewürze regen die Verdauung an (nicht für Pitta-Konstitution).
- Heißes Wasser oder auch Ingwerwasser helfen, die Verdauung zu normalisieren.
- Rohkost wird leichter verdaulich, wenn sie klein geschnitten oder geraspelt gegessen wird.
- Bei der Speisezubereitung sollte Ghee, geklärte Butter, verwendet werden. Ghee normalisiert das Verdauungsfeuer und ist für alle Konstitutionstypen gut.
- Bewegung an frischer Luft und Yoga-Übungen (nicht direkt nach dem Essen!) unterstützen den Verdauungsprozess.

Getränke und Speisen aus der ayurvedischen Küche

Ayurvedisch zu essen bedeutet nicht, den Ernährungsplan zwangsläufig auf indische Gerichte umzustellen. Die Vielzahl der verwendeten Gewürze mag zunächst etwas befremdlich scheinen, denn wir haben die Kunst des Würzens verlernt. Mit Phantasie und Kreativität können viele Gewürze auch bei heimischen Gerichten verwendet werden und die einfachsten Gerichte in einen kulinarischen Genuss verwandeln.

Kräuter und Gewürze werden in der ayurvedischen Küche als wertvolle Nahrungsmittel angesehen, da sie durch ihre Eigenschaften die Verdauung regulieren und die Doshas erhöhen oder reduzieren.

Gewürze		**frische Kräuter**	**Süßmittel**
Anis	Safran	Basilikum	Ahornsirup
Bockshornklee	schwarzer Pfeffer	Bohnenkraut	Honig
Fenchel	Senfkörner	Dill	Rohrzucker
Ingwer	Sternanis	Ingwer (frisch)	Melasse
Kardamom	Süßholz	Kerbel	
Knoblauch	Vanille	Koriander	
Koriander	Zimt	Kresse	
Kreuzkümmel		Majoran	
Kümmel		Minze	
Kurkuma		Petersilie	
Langkornpfeffer		Pfefferminze	
Lorbeerblätter		Rosmarin	
Mandeln		Salbei	
Muskatnuss		Thymian	
Nelken		Zitronenmelisse	

Ghee

Unabkömmlich in der ayurvedischen Küche ist geklärte Butter, auch Butterschmalz oder Ghee genannt. Im Ayurveda gilt Ghee als Verjüngungsmittel. Mit Ghee zubereitete Speisen sind besser verdaulich, und die Vitamine aus der Nahrung können vom Körper leichter aufgenommen werden. Ghee kann sowohl zum Dünsten als auch zum Backen verwendet werden. Richtig zubereitet ist Ghee

sehr lange haltbar und kann daher auch in größeren Mengen hergestellt werden.
Zubereitung: 250 g (je nach Bedarf auch mehr) frische ungesalzene Butter leicht köcheln. Dabei den Topf nicht abdecken. Den an der Oberfläche entstehenden Schaum von Zeit zu Zeit abschöpfen. Kochen Sie die Butter so lange, bis sich alle Eiweißteile (Schaum) vom Fett getrennt haben und alles Wasser verdunstet ist. Ein leises, knackendes Geräusch zeigt an, ob noch Wasser in der Butter enthalten ist. Die Kochzeit liegt zwischen 15 bis 30 Minuten. Filtern Sie die Butter anschließend durch ein feines Sieb und bewahren Sie sie an einem kühlen Ort auf.

Heiße Getränke

Flüssigkeit fördert die Verdauung. Während einer Mahlzeit sollten warme (Raumtemperatur) oder heiße Getränke schluckweise getrunken werden. Geeignet sind heißes Wasser, auch mit einem Schuss Zitronen- oder Limonensaft, Ingwer- und Kräutertee. Gänzlich abgeraten wird von kalten Getränken, da sie zusammen mit einer fetthaltigen Speise eine gute Verdauung fast unmöglich machen.
Möchten Sie auf ein gutes Glas Wein zum Essen nicht verzichten, achten Sie darauf, dass er auf keinen Fall zu kalt ist. Süße Limonaden, kohlensäurehaltige Getränke und konservierte Fruchtsäfte hemmen den Appetit und führen zur Magenübersäuerung, sie sollten daher selten auf dem Speiseplan stehen.

Abgekochtes, heißes Wasser – eine reinigende Erfrischung

Heißes Wasser ist hervorragend geeignet, den Stoffwechsel beim Abtransport von Giftstoffen (Ama) aus dem Körper zu unterstützen. Da es geschmacksneutral ist und keine stimulierende Wirkung hat wie Kräutertees, kann es zu jeder Gelegenheit und zu jeder Tageszeit getrunken werden. Über den Tag verteilt, sollte mindestens ein Liter heißes Wasser schluckweise getrunken werden. Bei einer Reinigungskur sollte heißes Wasser auf keinen Fall fehlen. Es hilft, die durch die Entgiftung möglicherweise auftretende Übelkeit und Kopfschmerzen zu beseitigen.

Zubereitung: Die gewünschte Menge Wasser mindestens 10 Minuten kochen lassen. Durch den langen Erhitzungsprozess wird der Geschmack verbessert.

Chai – Der indische Gewürztee

Chai ist ein traditioneller indischer Gewürztee, der durch seinen einzigartigen, aromatischen Geschmack nicht nur von Indien-Liebhabern gerne getrunken wird. Er kann nach dem Essen oder auch bei einer Teepause am Nachmittag getrunken werden. Durch die Beimischung von Gewürzen verliert der schwarze Tee seine verdauungshemmende Eigenschaft. Die Gewürzmenge können Sie nach Ihrem individuellen Geschmack variieren.

Zubereitung: ½ Liter Wasser, ½ Liter Milch, schwarzer Tee (Menge für 1 Liter Flüssigkeit), gemahlene Gewürze, je ½–1 TL: Zimt, Nelken, Kardamom, Ingwer, bei Bedarf ½ TL schwarze Pfefferkörner, 2 EL Rohrzucker. (Als

Alternative zu schwarzem Tee kann auch ayurvedischer Gewürztee verwendet werden.)
Wasser aufkochen lassen, Tee und Gewürzmischung zugeben. 10 Minuten köcheln lassen. Milch und Zucker hinzufügen und nochmals kurz aufkochen.

Ingwertee

Die Wurzel der Ingwerpflanze ist als Heil- und Würzmittel in der ayurvedischen Heilkunde hoch angesehen. Ingwer ist appetitanregend und unterstützt den Verdauungsprozess, wirkt stark reinigend und hilft bei Blähungen. Verwendet werden der Saft oder kleine Stücke der frischen Wurzel oder auch getrocknetes Wurzelpulver. Wegen seiner verdauungsregulierenden Wirkung eignet sich der Ingwertee hervorragend als Getränk vor oder während einer Mahlzeit. Frische Ingwerwurzeln erhalten Sie vorwiegend in Naturkost- und Asienläden.
Zubereitung: Gut ½ Liter Wasser 10 Minuten kochen.
Ein kleines Stück Ingwerwurzel schälen und in kleine Stücke schneiden.
Geben Sie 1 TL Ingwer in eine Kanne und fügen Sie das kochende Wasser hinzu.
10 Minuten ziehen lassen und anschließend die Ingwerstücke abseihen.
Je nach Bedarf mit Rohrzucker süßen.

Milchmixgetränke

Milch gilt im Ayurveda als ein hochwertiges Nahrungs- und Verjüngungsmittel. Durch ihren großen Nährwert

können Milchmixgetränke eine Mahlzeit ersetzen, sollten aber nie zu einer Mahlzeit getrunken werden.
Empfohlen wird naturbelassene Rohmilch, die vor der Verwendung kurz aufgekocht wird. Durch das Aufkochen wird die Milch leichter verdaulich, und Bakterien werden abgetötet. Milch ist gut für Vata- und Pitta-, aber ungeeignet für Kapha-Typen.

Karotten-Milch-Mix

Karottenmilch erfrischt und stärkt.
Zubereitung 1: 3 mittelgroße süße Karotten waschen, schälen und entsaften.
Mit 2 Tassen Milch im Mixer verrühren und eine Messerspitze Kardamompulver einrühren.

Zubereitung 2: 2 Karotten werden sehr fein geraspelt und mit etwas Ghee und einer kleinen Menge Milch in einem Topf gegart. 2 Tassen Milch zugeben und kurz erwärmen.

Safran-Honig-Milch: Ein Schönheitstonikum

Der teure Safran galt im alten Indien, genau wie heute noch, als begehrtes Schönheitsmittel. Äußerlich und innerlich verabreicht, reinigt Safran und gibt der Haut ein strahlendes, »goldenes« Aussehen.
Der Ayurveda verwendet Safran zu Heilzwecken, zur Stärkung und zur Regeneration. Außerdem gilt Safran als stimulierendes Aphrodisiakum und Verjüngungsmittel.
Safran-Honig-Milch stärkt, wärmt und beruhigt.

Zubereitung: 3 Safranfäden werden in einer kleinen Menge warmer Milch eingeweicht. Lassen Sie den Safran über Nacht (oder mindestens eine Stunde lang) seine goldene Farbe entfalten. Füllen Sie die Tasse mit warmer Milch auf und geben Sie 1 TL guten Honig dazu. Achten Sie darauf, dass die Milch nicht zu heiß wird, da sonst die wertvollen Inhaltsstoffe des Honigs zerstört werden.

Mandelmilch

Mandelmilch hat die gleiche Wirkung wie Safranmilch. In den indischen Texten zur Liebeskunst wird Mandelmilch als stärkendes und stimulierendes Getränk empfohlen.
Zubereitung: 10 süße Mandeln werden mehrere Stunden in Wasser eingeweicht, anschließend geschält und sehr fein püriert. Fügen Sie der Mandelmasse etwas Kardamompulver und 2 Fäden Safran hinzu. Verrühren Sie das Ganze mit ½ Liter warmer oder kalter Milch. Je nach Geschmack geben Sie Zucker oder Honig zu.

Lassi – Das indische Joghurtgetränk

Das klassische indische Lassi ist ein zu gleichen Teilen aus Joghurt und Wasser gemixtes Getränk. Durch die Zugabe von Gewürzen wie Zimt, Kardamom, Vanille sowie Süßmitteln oder püriertem Obst sind der Variation keine Grenzen gesetzt. Lassi ist ein erfrischendes, leicht verdauliches Getränk.
Für die Herstellung von Lassi verwenden Sie Joghurt

ohne Bindemittel und mit lebenden Kulturen. Dazu abgekochtes Leitungswasser (je nach Qualität) oder stilles Mineralwasser.

Herstellung von Joghurt

Zubereitung: 1 Liter Rohmilch zum Kochen bringen und anschließend etwa auf 30 bis 40 Grad abkühlen lassen (testen Sie mit dem Finger). Rühren Sie 2 EL Bio-Joghurt (mit lebenden Kulturen) in die Milch ein. Geben Sie die Milch in eine Schüssel und lassen Sie sie abgedeckt an einem warmen Ort über Nacht stehen. Am Morgen ist der Joghurt fertig.

Klassisches Lassi

Zubereitung: 1 Tasse Joghurt wird mit einer Tasse Wasser gemixt. Verwenden Sie stilles Mineralwasser oder, je nach Wasserqualität, abgekochtes (kaltes) Leitungswasser.
Als pikante Würzung können eine Prise Salz und eine Prise schwarzer Pfeffer zugegeben werden. Für ein süßes Lassi geben Sie 1 TL Honig oder 1 TL Rohrzucker hinzu.

Mango-Lassi

Zubereitung: 1 reife Mango schälen und das Fruchtfleisch vom Kern trennen. Anschließend das Fruchtfleisch zusammen mit einer Tasse Joghurt pürieren. 1 bis 2 TL Honig oder Rohrzucker unterrühren und die Masse mit 1 bis 2 Tassen Wasser mischen.

Dals

In Indien werden alle Arten von Hülsenfrüchten *Dal* genannt. Hülsenfrüchte werden von der ayurvedischen Küche als wertvolles Nahrungsmittel geschätzt. Gereicht werden sie als Suppe oder als Beilage. Es gibt viele verschiedene Dalsorten und unzählige Zubereitungsarten. Am häufigsten werden Mungobohnen verwendet. Alle Arten von Hülsenfrüchten müssen vor der Zubereitung gut gewaschen werden. Um die Garzeit zu verringern, sollten Hülsenfrüchte mindestens 6 Stunden vor dem Kochen eingeweicht werden. Wer sich das Einweichen sparen will, kann einen Dampfdrucktopf benutzen. Die Zubereitung mit Ghee und Gewürzen ist sehr wichtig, da sie Dal leichter verdaulich machen.

Klassischer Mungobohnen-Dal

Zubereitung: 150 g Mungobohnen (für etwa 2 Personen) gut waschen und zusammen mit einem klein geschnittenen Stück (fingerkuppengroß) frischem Ingwer, Salz und ½ TL Kurkuma in ½ Liter kochendes Wasser geben und etwa 30 bis 40 Minuten kochen lassen.

In einer Pfanne 2 EL Ghee erhitzen. 1 TL Senfkörner, ½ TL Kreuzkümmel, ½ TL Koriander und etwas schwarzen Pfeffer zufügen. Bei Bedarf 1 mittelgroße klein geschnittene Zwiebel und 1 klein gehackte Knoblauchzehe im Fett gar dünsten. 2 Tomaten zugeben und leicht andünsten. Die Mischung unter das gekochte Dal geben.

Rote Linsen – Mysuri-Dal

Zubereitung: 150 g rote Linsen gut waschen und zusammen mit einem klein geschnittenen Stück (fingerkuppengroß) frischem Ingwer, 1 kleinen Schote grüner Chili und 1 Prise Salz in knapp ½ Liter kochendes Wasser geben und gar kochen. In einer Pfanne 2 EL Ghee erhitzen. ½ TL Senfkörner, ½ TL Kreuzkümmel, ½ TL Koriander und etwas schwarzen Pfeffer zufügen. Anschließend bei Bedarf 1 mittelgroße klein geschnittene Zwiebel und 1 klein gehackte Knoblauchzehe im Fett gar dünsten. Die Mischung unter das gekochte Dal geben.

Rote Bohnen, Rajmash-Makhani-Dal

Zubereitung: 120 g rote Bohnen (vorgeweicht) mit 1 Prise Salz in 1 Liter kochendes Wasser geben und garen. Wenn zwei Drittel des Wassers verkocht sind, die Bohnen leicht am Topfrand mit einem Holzlöffel zerdrücken. Zu der Bohnenmasse je 10 g Ingwerpaste und Knoblauchpaste hinzufügen sowie 1 große, frische, klein gedrückte Tomate, etwas rotes Chilipulver und 4 EL Ghee. Die Masse noch einmal für etwa ½ Stunde leicht kochen. Anschließend 120 ml Sahne zugeben und leicht aufkochen.

Das tägliche Ayurveda-Programm

Frisch und schön durch den Tag

Der Morgen

Im Rhythmus mit der Natur zu leben ist eine wichtige Voraussetzung für das Gleichgewicht der Kräfte. Der ayurvedische Tagesablauf wird bestimmt durch den Wechsel der Dosha-Eigenschaften, die von den Tageszeiten abhängig sind. Der Rhythmus der Tageszeiten sollte also auch unseren Handlungsrhythmus bestimmen.

Das Aufstehen

Ein gesunder Mensch sollte zwischen 5 und 6 Uhr morgens aufstehen. Um diese Zeit herrscht der »Bewegungs-Dosha« Vata vor. Bleiben Sie nach dem Aufwachen noch einen Moment im Bett liegen und konzentrieren Sie sich auf einen gleichmäßigen Atem. Erspüren Sie dabei Ihren ganzen Körper. Finden Sie für sich einen Gedanken oder einen Leitspruch, der Sie unterstützt, mit Freude in den Tag hincinzugehen.

Gruß an die Morgendämmerung

Sieh diesen Tag!
Denn er ist Leben, ja das Leben selbst.
In seinem kurzen Lauf
liegt alle Wahrheit, alles Wesen deines Seins:
die Seligkeit zu wachsen,
die Freude zu handeln,
die Pracht der Schönheit.
Denn Gestern ist nur ein Traum
und Morgen ist nur ein Bild der Phantasie.
Doch Heute, richtig gelebt,
verwandelt jedes Gestern in einen glückseligen Traum
und jedes Morgen in ein Bild der Hoffnung.
So sehe denn diesen Tag genau!

Ritusamhara des Kalidasa

Fällt Ihnen das Aufstehen morgens sehr schwer, fühlen Sie sich müde und zerschlagen, haben Sie Kopfschmerzen oder geschwollene Augen, ergründen Sie die Ursache hierfür. Mögliche Gründe können sein:

- Ein spätes Essen am Vorabend, das vom Körper nicht mehr verdaut wurde und gärende Giftstoffe erzeugt hat.
- Die Beschäftigung mit Dingen vor dem Schlafengehen, die den Geist und die Gefühle aufgewühlt haben.
- Zu wenig Sauerstoff oder Heizungsluft im Schlafraum.
- Störende Geräusche, die keinen Tiefschlaf zulassen.
- Spätes Schlafengehen.

- Trinken Sie ein Glas heißes Wasser, um die Darmtätigkeit anzuregen. Anschließend sollten Blase und Darm entleert werden.
- Führen Sie Yoga- und Atemübungen durch, am besten bei geöffnetem Fenster. Wer nicht in die Yoga-Techniken eingeführt ist, kann einfache Bewegungsübungen machen wie Armkreisen, Beineschlenkern, Rumpfkreisen und Ähnliches.
- Gönnen Sie sich mindestens an drei Tagen der Woche eine Ganzkörper-Ölmassage.
- Nach einer Ölmassage empfiehlt sich ein warmes Bad oder eine warme Dusche. Dadurch werden Körper und Geist zusätzlich vitalisiert.
- Massieren Sie das Gesicht mit Sesam-, Kokosnuss- oder süßem Mandelöl. Reinigen und erfrischen Sie das Gesicht anschließend mit kaltem Wasser oder kalter, reinigender Milch.
- Putzen Sie die Zähne mit einer ayurvedischen Kräuterzahnpasta (im Handel erhältlich).
- Reinigen Sie die Zunge von Ablagerungen, indem Sie mit einem Silberdraht, einem biegsamen Holz oder auch einem Stück Zahnseide die Zungenoberfläche von innen nach außen mehrmals abstreifen. Bei regelmäßiger Durchführung wird man mit einer rosig aussehenden Zunge belohnt.
- Gurgeln und spülen Sie den Mund mit 1/4 Tasse warmem Sesamöl. Dies ist sehr gut für die Stimmbänder, sensibilisiert die Geschmacksnerven, stärkt das Zahnfleisch und die Zähne; außerdem unterstützt es die Entgiftung über die Schleimhäute.

Als erste Empfehlung gilt: Nicht im Stehen oder beiläufig beim Zeitunglesen frühstücken!
Je nach Konstitutionstyp, Alter und Anforderung kann das Frühstück unterschiedlich ausfallen. Menschen mit vorherrschendem Vata- oder Pitta-Dosha sollten auf jeden Fall nicht auf das Frühstück verzichten, sonst können Nervosität und Magenübersäuerung entstehen. Ein kräftiges Frühstück mit Vollkornbrot, Butter, Honig, Joghurtgetränk (Lassi) oder auch gekochtem Getreidebrei mit Joghurt und Früchten ist ein guter Start in den Tag. Kaffee ist für Vata und Pitta nicht gut geeignet. Wollen Sie nicht darauf verzichten, nehmen Sie den Kaffee nicht zusammen mit Joghurt und Früchten ein.
Menschen mit vorherrschendem Kapha-Dosha kommen morgens meist schwer in Gang und verspüren wenig Appetit. Sie sollten ein schweres Frühstück meiden und den Tag eher mit einem frisch gepressten Karotten- oder Granatapfelsaft beginnen. Möchten Sie auf Kaffee nicht verzichten, achten Sie darauf, dass zwischen Saft- und Kaffeetrinken mindestens eine halbe Stunde Zeit liegt.

Der Vormittag

Die Zeit von 10 Uhr morgens bis 14 Uhr mittags ist die Pitta-Zeit. In dieser Phase haben wir eine hohe Leistungsfähigkeit und ein großes Aufnahmevermögen. Haben Sie wichtige oder unangenehme Dinge zu erledigen, müssen Sie etwas auswendig lernen oder körperlich schwerere Arbeiten verrichten, sollten Sie dazu die Pitta-Zeit am Vormittag nutzen. Besonders Vata-Menschen sollten am Vormittag nicht vergessen, genügend Flüssigkeit zu trinken.

Der Mittag

Wenn der Sonnenstand am höchsten ist, zwischen 12 und 13 Uhr, haben Verdauung und Stoffwechsel durch die Pitta-Energie ebenfalls ihren Höhepunkt. In dieser Zeit sollte die Hauptmahlzeit des Tages eingenommen werden. Bei einem gesunden Menschen sollte die Hauptmahlzeit in der Zusammenstellung ausgewogen sein und alle sechs Geschmacksrichtungen enthalten, um die Bedürfnisse aller drei Doshas zu befriedigen. Nach dem Essen ist der Körper mit der Verdauung beschäftigt, darum sollte man nicht gleich wieder an die Arbeit gehen. Etwas Bewegung oder eine kleine Ruhepause tun jetzt gut. Wer allerdings einen langen Nachmittagsschlaf hält, verstärkt die Schwere von Kapha, und es dauert lange, wieder in Schwung zu kommen. Regelmäßiges und langes Schlafen am Nachmittag führt zu Kapha-Störungen und äußert sich in körperlicher und geistiger Trägheit bis hin zu Depression, Kopfschmerzen und vielen anderen Problemen. (Ausgenommen sind hier kleine Kinder und kranke Menschen.)

Der Nachmittag

Nach 14 Uhr wechselt die Pitta-Zeit in die Vata-Zeit über, und die Leistungskurve steigt wieder an. Vata ist der Dosha der Kreativität und drückt sich in seiner Kraft um diese Zeit am stärksten aus. Finden Sie aber auch in dieser »kreativen« Phase ihren eigenen Rhythmus zwischen Aktion und Ruhe. Eine zehnminütige Tee- oder Kaffee-Pause zum Entspannen zwischendurch gibt neue Kraft.

Der Abend

Um 18 Uhr wechselt die aktive Vata-Zeit zur Kapha-Phase über, die bis um 22 Uhr anhält. Der Tag neigt sich dem Ende zu, und die Ruhe- und Entspannungsphase beginnt. Zur frühen Kapha-Zeit sollte auch die letzte Mahlzeit des Tages eingenommen werden. Wer diese Abendessenszeit aus bestimmten Gründen überschreitet, sollte umso mehr darauf achten, dass die letzte Mahlzeit leicht verdaulich ist. Für das ganzheitliche Wohlbefinden ist es auf jeden Fall ratsam, nicht nach 19 Uhr zu essen. Der Abend eignet sich hervorragend dazu, die Sinne zur Ruhe kommen zu lassen. Eine gemütliche, angenehme Atmosphäre, Musik hören, lesen, ein ruhiges Gespräch führen ... – finden Sie für sich heraus, was Ihnen gut tut. Der Ayurveda empfiehlt zur Entspannung: eine Fuß- oder Kopfmassage, ein warmes Fußbad, Aromaöl-Düfte, Meditations- und Yoga-Übungen.
Die Bettgehzeit sollte am Ende der Kapha-Phase gegen 22 Uhr liegen. Um diese Zeit fühlt sich der Körper naturgemäß schwer und müde an. In der Regel braucht ein gesunder Mensch im Gleichgewicht nicht mehr als sechs bis acht Stunden Schlaf.

Während wir nachts schlafen, tauchen Körper, Geist und Sinne in eine tiefe Regenerationsphase ein. Ein ungestörter Schlaf wirkt wie ein Bad in einem Jungbrunnen, aus dem man erfrischt und schön heraussteigt. Der Schlaf ist aber kein passiver Zustand.

In der Pitta-Phase, die um 22 Uhr beginnt, wird die Produktionsaktivität im Bereich der wichtigen Hormone verstärkt und liegt zu dieser Zeit höher als im Wachzustand. Wie eine alte Volksweisheit besagt, ist der Schlaf vor Mitternacht der erholsamste. Während wir schlafen, ruhen zwar unsere Verdauungsorgane, aber in den Traumphasen werden unsere Erlebnisse und Gefühle des Vortages »verdaut«. Von 2 Uhr bis 6 Uhr beginnt die Vata-Phase, in der die Traumphasen immer länger werden, bis wir schließlich aufwachen.

In den Upanishaden wird der Schlaf in Traumzustand und Tiefschlaf eingeteilt. Im Traumzustand, der auch Seelenzustand genannt wird, befinden wir uns in einem Zustand zwischen Wachen und Schlafen. Hier werden die Ereignisse des Tages verarbeitet. Im Tiefschlaf, auch Einsichtszustand genannt, kommen Geist und Sinne dann völlig zur Ruhe, und der Mensch befindet sich in einem geistig und sinnlich nicht mehr erfahrbaren unendlichen Raum der Einsicht.

Nach der vedischen Lehre sind wir in der Lage, im Tiefschlaf in den Raum unseres Selbst vorzudringen, in dem alle unsere Erlebnisse transzendiert werden und in dem wir neue Kraft aus unserer ureigenen Natur tanken. Ein tiefer, gesunder Schlaf erfrischt und verjüngt und lässt jeden Tag in einem neuen Licht erscheinen.

Schönheitspflege

Aus der ayurvedischen Betrachtung versteht es sich von selbst, dass Schönheit und Attraktivität nur aus einem gesunden Körper-Geist-System entstehen können. Erst wenn die Doshas im Gleichgewicht sind, werden ihre positiven Eigenschaften in dem ganzen Erscheinungsbild eines Menschen sichtbar: ebenmäßige, weiche Haut, strahlende, lebendige Augen, eine klare Stimme, angenehmer Körpergeruch, feste Nägel, glänzende Haare, gutes Gedächtnis, Selbstbewusstsein, Offenheit und geistige Vitalität.

Die folgenden Tipps zur Schönheitspflege sollten daher als Ergänzung und im Zusammenhang mit allen anderen Empfehlungen gesehen werden. Auch für die Tipps zur Schönheitspflege gilt: Versuchen Sie, für sich selbst herauszufinden, was Ihnen gut tut und was Ihnen nicht bekommt.

Was fördert ein gutes Aussehen?

- regelmäßige Verdauung
- typgerechte, gute Ernährung
- erholsamer Schlaf in der Nacht
- Bewegung an frischer Luft
- Yoga- und Meditationsübungen
- innere Reinigung (Entschlackung, viel Trinken, Einläufe)
- Ölmassagen

- äußere Reinigung und Pflege
- Freude am Leben
- Dampfbäder (für Vata) und Sauna (für Kapha)

Pflege der Haut

Mungobohnen-Rubbelmassage

Mungobohnenmehl eignet sich hervorragend für eine Ganzkörper-Rubbelmassage. Trockene Hornhautzellen werden beseitigt, die Haut wird vitalisiert, gut durchblutet und fühlt sich nach der Behandlung samtweich an. Ganze Mungobohnen erhalten Sie in Naturkost- oder Asienläden. Mahlen Sie die Mungobohnen in einer Kaffeemühle zu sehr feinem Mehl.

Anwendung: Speziell für Vata-Typen ist es ratsam, vor der Rubbelmassage die Haut gut mit Öl einzureiben. Bevor Sie mit der Massage beginnen, feuchten Sie die Haut mit Wasser an. Für die Gesichtsmassage nehmen Sie 2 TL Mungobohnenmehl und verrühren es in den Händen mit etwas Wasser zu einem Brei. Massieren Sie etwa 1 Minute die Gesichtshaut mit dem Brei und spülen Sie anschließend das Gesicht mit kühlem Wasser ab. Für die Ganzkörpermassage verwenden Sie etwa 3 EL Mungobohnenmehl.

Safran zur Reinigung und Vitalisierung der Haut

Safran ist in Indien seit alters her ein begehrtes Schönheitsmittel. Äußerlich verabreicht, reinigt Safran und gibt der Haut ein strahlendes Aussehen. Der Ayurveda verwendet

Safran, wie auch Milch, zu Heilzwecken, zur Stärkung und zur Regeneration. Außerdem gilt Safran als stimulierendes Aphrodisiakum und Verjüngungsmittel.

Anwendung: 3 bis 5 Safranfäden werden in einer kleinen Menge warmer Milch eingeweicht. Lassen Sie den Safran über Nacht (oder mindestens eine Stunde lang) seine goldene Farbe entfalten. Füllen Sie die Tasse mit warmer Milch auf und geben Sie 1 TL guten Honig dazu. Achten Sie darauf, dass die Milch nicht zu heiß wird, da sonst die wertvollen Inhaltsstoffe des Honigs zerstört werden. Reinigen Sie zunächst Gesicht und Hals mit warmem Wasser. Bei sehr trockener Haut massieren Sie etwas Sesamöl in die Haut ein. Geben Sie anschließend die warme Milch in die Hände und reinigen Sie Gesicht und Hals mit dem Safran-Tonikum. Für eine Ganzkörperreinigung stellen Sie eine entsprechend größere Menge her. Als Alternative zu Milch können Sie auch fetthaltige Sahne oder nur Wasser verwenden.

Das Safran-Milch-Honig-Bad

Wer sich einen ganz besonderen Luxus leisten will, badet seinen Körper in einem Jungbrunnen aus Milch, Honig und Safran. Bevor Sie in das edle Bad steigen, reinigen Sie zunächst Ihren Körper unter der Dusche.

Anwendung: Füllen Sie die Badewanne so weit mit wohl temperiertem Wasser, dass der Körper gerade vom Wasser bedeckt wird. Erwärmen Sie zuvor 1 Liter Rohmilch mit 10 bis 15 Fäden Safran und lassen Sie die Safranfäden ½ Stunde ziehen. Lösen Sie 2 Tassen Honig in der erwärmten Milch auf, gießen Sie die Mischung in das Badewasser und geben Sie noch zusätzlich 1 Liter Milch dazu. Genießen Sie das Bad für mindestens 20 Minuten. Während des Badens streichen Sie den Körper mit den Händen ab.

Das Körper-Sonnenbad

Die Sonne und ihr Licht erfahren in Indien eine große Verehrung. Sie spendet Wärme, macht das Leben auf der Erde erst möglich und wirkt harmonisierend auf das gesamte Befinden. Gerade die Strahlen der aufgehenden und untergehenden Sonne beinhalten das ganze Farbspektrum. Wie aus der ayurvedischen Farblehre ersichtlich wird, haben Farben einen Einfluss auf die Doshas und werden zur Therapie eingesetzt. Auf die Haut wirken die Sonnenstrahlen mit ihrem Farbspektrum vitalisierend und regenerierend. Das Sonnenbad ist in diesem Fall also eine Form der Therapie und nicht zur Bräunung der Haut gedacht.

Anwendung: Legen Sie sich zur Zeit der aufgehenden oder untergehenden Sonne, leicht oder unbekleidet, an einen windgeschützten Platz. Der Kopf sollte dabei im Schatten liegen. Ist der Boden warm und weich (Sand oder Gras), sollten Sie keine Unterlage benutzen, um so in einen unmittelbaren Kontakt zur Erde zu kommen. Schließen Sie die Augen und entspannen Sie die Muskulatur. Spüren Sie ganz bewusst die Strahlen und die Farben der Sonne, wie sie durch die Haut tief in den Körper eindringen. Gehen Sie mit der ganzen Aufmerksamkeit den Körper ab und spüren Sie, wie die Haut durchblutet und vitalisiert wird.

Das Sonnenbad ist für alle Konstitutionstypen geeignet, sollte aber nicht länger als eine halbe Stunde dauern.

Stoffe zum Aufbau der Hornsubstanz für Nägel und Haare werden dem Körper durch die Nahrung zugeführt. Sie tragen zu fester Substanz und Glanz von Haaren und Nägeln bei. Lieferanten der Aufbaustoffe sind Vollkornprodukte, naturbelassener Reis, frisches Gemüse, Fisch und Milchprodukte.

Von außen stark belastet werden Haare insbesondere durch trockene Heizungsluft, heiße Haarföhntrocknung und starke Sonnenstrahlung. Gerade Vata-Typen mit feinen, eher trockenen Haaren sollten darauf achten, dass die Haare nicht durch zusätzliche Trockenheit belastet werden. Am wenigsten betroffen von Haarproblemen ist der Kapha-Typ mit seinen kräftigen, leicht öligen Haaren. Pitta-Menschen haben in der Regel kräftige, glänzende Haare. Durch ihre leicht gestresste Natur kann es aber frühzeitig zum Ergrauen der Haare und zu Haarausfall kommen.

Gut für die Durchblutung der Kopfhaut und für die Kräftigung der Haarwurzel sind regelmäßige Kopfmassagen. Zusätzlich kann jeder Konstitutionstyp eine nährende und kräftigende Ölpackung anwenden. Die Haare werden dadurch weich und glänzend.

Anwendung: Geeignet sind Oliven-, süßes Mandel-, Avocado- und Sesamöl. Erwärmen Sie ½ Tasse Öl (je nach Haarvolumen mehr oder weniger) in einem Wasserbad. Verteilen Sie das Öl auf Kopfhaut und Haare und massieren Sie es gut ein. Die Haare werden anschließend mit einer Plastikhaube bedeckt und mit einem warmen Handtuch umwickelt. Lassen Sie das Öl so lange wie möglich einziehen.

Pflege der Augen

Geschwollene und entzündete Augen können unterschiedliche Ursachen haben: Überanstrengung, zu wenig Schlaf, spätes, schweres Essen am Vorabend, Aufenthalt in verrauchten Räumen. Leiden Sie öfter unter verschwollenen, entzündeten Augen, beobachten Sie Ihr Handeln aufmerksam und versuchen Sie die Ursache dieser Störung herauszufinden. Finden Sie selbst keine Erklärung für die Ursachen, befragen Sie einen Ayurveda-Arzt.

Für die allgemeine Pflege der Augen empfiehlt der Ayurveda die Reinigung mit kühlem Wasser und Kräutersud, ayurvedische Kräuteraugentropfen und die Verwendung von Kajal. Der beste Kajal ist der Ruß, der von einer Butterlampe gewonnen wird. Als schmaler Strich wird der schwarze Kajal auf das untere und obere Augenlid aufgetragen. Er schützt vor Entzündungen und hilft bei brennenden und tränenden Augen. In der therapeutischen Praxis werden unterschiedliche Augenbäder und Kompressen zur Stärkung der Augen und zur Behandlung von Augenkrankheiten eingesetzt.

Für den Hausgebrauch lässt sich leicht ein belebendes und reinigendes Augenbad mit einem Petersilienaufguss herstellen.

Anwendung: Etwa eine Hand voll frische Petersilie wird unter fließendem Wasser gründlich gereinigt. Anschließend wird die Petersilie in ein Gefäß gegeben und mit ½ Liter kochendem Wasser übergossen. Die Petersilie soll einige Stunden ziehen, bevor sie abgeseiht wird. Die Menge reicht für etwa zehn Augenbäder. In der Apotheke erhalten Sie eine spezielle Augenbadewanne, die das Augenbaden erleichtert. Füllen Sie diesen kleinen Behälter zur Hälfte mit dem Petersilienwasser und drücken Sie ihn leicht gegen das Auge. Legen Sie den Kopf zurück, sodass ihr Auge von der Flüssigkeit bedeckt ist. Öffnen Sie das Auge ab und zu mit einem Blinzeln.

Mundpflege

Neben der täglichen Reinigung der Zähne und der Zahnzwischenräume sollte auch auf die Pflege des Mundraumes, der Zunge und der Stimmbänder geachtet werden. Damit sich Essensreste im Mund nach einer Mahlzeit nicht zu übel riechenden Substanzen entwickeln können, ist es ratsam, den Mund nach jedem Essen tüchtig mit Wasser auszuspülen oder die Zähne zu putzen.
Um die Zunge von Ablagerungen zu befreien, sollte sie regelmäßig mit einem Silberdraht oder einem Stück Zahnseide abgestreift werden. Tägliches Gurgeln und Spülen mit Sesamöl kräftigt Zähne, Zahnfleisch und Stimmbänder und wirkt darüber hinaus entgiftend.
Salz wirkt ebenfalls adstringierend und reinigend und wird vom Ayurveda u. a. zur Zahnreinigung empfohlen. Dabei nimmt man mit der Zahnbürste eine kleine Menge Salz auf und putzt wie gewohnt die Zähne.
Für die Erfrischung des Atems und zur allgemeinen Vitalisierung eignen sich Kardamomsamen hervorragend. Lösen Sie die kleinen, schwarzen Samen aus der grünen Schote und kauen Sie sie für etwa zehn Minuten.
Für einen angenehmen Mundgeruch und zur Förderung der Verdauung sind auch Anissamen sehr gut geeignet, die man nach dem Essen kaut.

Literaturhinweise

Allgemein

D. Chopra: Die Körperseele. Grundlagen und praktische Übungen der Ayurveda-Medizin, Bergisch Gladbach 1991

Dieser Ratgeber enthält einen Überblick über die Möglichkeiten, die der Ayurveda bietet. Auch die anderen Bücher von D. Chopra sind empfehlenswert, da sie locker und gut verständlich geschrieben sind. Er verbindet die ayurvedischen Konzepte mit modernen Erkenntnissen der Physik.

V. Lad: Das Ayurveda-Heilbuch, Durach 1988

Eine praktische Anleitung zu Selbstdiagnose, Therapie und Heilung mit dem ayurvedischen System.

E. Schrott: Ayurveda für jeden Tag, München 1994

In diesem Buch sind detaillierte Angaben enthalten, wie 60 verschiedene Alltagskrankheiten mit Ayurveda behandelt werden können.

E. Schrott: Gesund und jung mit Ayurveda, München 1995

Dieses Taschenbuch ist eine Kurzform des vorigen.

V. Verma: Ayurveda – Der Weg des gesunden Lebens, München 1995

Grundlagen, Methoden und Rezepte der altbewährten Heilkunst der Inder – für den Menschen des Westens nutzbar gemacht.

Heilpflanzen

K.-H. Hanusch, S. Klug: Ayurveda, Indische Heilweisen für Europäer, Düsseldorf 1992
Außer einer Einführung in den Ayurveda enthält das Buch auf über 100 Seiten Hinweise zur Heilpflanzentherapie.

B. Heyn: Die sanfte Kraft der indischen Naturheilkunde, München 1987
Die Autorin ist Pharmazeutin und hat einen guten Überblick über die Beziehungen zwischen Mensch und Pflanze gegeben.

V. Lad, D. Frawley: Die Ayurveda-Pflanzenheilkunde, Haldenwang 1987

Kochen

H. Johari: Das Ayurveda-Kochbuch, köstliche vegetarische Rezepte für Körper, Seele und Geist, Durach 1988

H. Johari: Grundlagen ayurvedischer Kochkunst. Die Philosophie und Praxis der vegetarischen Küche, Durach 1988

K. Pirc, W. Kempe: Kochen nach Ayurveda, Niederhausen 1996

E. Schrott: Die köstliche Küche des Ayurveda. Essen mit Leib und Seele, München 1995

Schönheit

E. Schrott, C.N. Bohlen: Natürlich schön mit Ayurveda, München 1997
Das Buch enthält viele Empfehlungen zu Ernährung und Körperpflege sowie zahlreiche Schönheitsrezepte im Behandlungsteil.

Spezielle Themen

F.-T. Gottwald, W. Howald: Ayurveda im Business. Gesundheitstraining für Körper, Persönlichkeit und Unternehmen, München 1992
Das Buch enthält viele praktische Checklisten und Fragebögen.

Lonsdorf, V. Butler, M. Brown: Ayurveda für Frauen, München 1994
Die Autorinnen erschließen aus der Sicht des Ayurveda eine ganzheitliche Sicht des Frauseins und geben viele praktische Tipps.

K. Pirc: Ayurveda-Kursbuch für Mutter und Kind, Bergisch Gladbach 1996
Das Buch ist ein schöner praktischer Leitfaden für alle Fragen der Schwangerschaft, des Stillens und der Kindergesundheit.

E. Schrott, W. Schachinger: Ayurveda bei Kopfschmerz und Migräne, München 1996

E. Schrott, W. Schachinger: Ayurveda bei Gelenk- und Rückenschmerzen, München 1996

W. Schachinger, E. Schrott: Ayurveda bei Bluthochdruck und Gefäßkrankheiten, München 1996

In diesen drei Ratgebern wird eine Synthese zwischen dem alten Heilwissen des Ayurveda und moderner Medizin gefunden. Es werden viele praktische Hinweise zur unterstützenden Selbstbehandlung gegeben.

Hintergrund

J.E. Berendt: Nada Brahma – Die Welt ist Klang, Frankfurt/M. 1983

R. Lobo: Traum und Karma im Ayurveda, München 1990

Der Autor entwickelt auf der Basis eigener experimenteller Untersuchungen eine interessante Sicht des Ayurveda.

M. Mittwede: Ayurveda – Von den Ursprüngen zur Medizin heute, Heidelberg 1997

Das Buch behandelt die philosophischen Wurzeln des Ayurveda und fragt nach seiner Wissenschaftlichkeit.

Wolz-Gottwald: Heilung aus der Ganzheit, Ayurveda als Philosophie in der Praxis, Gladenbach 1991

Der Autor untersucht die Selbstfindung und die philosophische Psychotherapie aus Sicht des Ayurveda.

S. Ranade: Ayurveda – Wesen und Methodik, Heidelberg 1994

Quellen

Caraka Samhita, Hg. von P.V. Sharma, (engl.) Varanasi 1981
Sushruta Samhita, Hg. von K.L. Bhishagratna, (engl.) Varanasi 1991
Vagbhatta's Ashtangahridaya Samhita. Ein altindisches Lehrbuch der Heilkunde. Hg. von L. Hilgenberg, W. Kirfel. (dt.), Leiden 1941

Musik

Yogeshwara und Suresh
AYUR VEDA – Wisdom of Life

Deepak Chopra

Die Körperseele

Grundlagen und praktische Übungen
der indischen Medizin

Nach der Lehre des Ayurveda ist die Voraussetzung für intakte Gesundheit das harmonische Gleichgewicht zwischen Körper und Geist. Erfolgsautor Deepak Chopra stellt in diesem Buch ein ganzheitliches Gesundheitsprogramm vor, das er auf der Grundlage der traditionellen indischen Medizin entwickelt hat.

Knaur
MensSana

David Frawley

Das große Ayurveda Heilungsbuch

Prinzipien und Praxis

Ob Kräuter, Mantras oder Ölmassagen – mit Ayurveda können wir auf natürliche Weise Krankheiten heilen und unsere Gesundheit fördern. David Frawley zeigt in diesem Standardwerk, wie man gesundheitliche Schwachpunkte harmonisieren und über achtzig der häufigsten Krankheiten konkret behandeln kann.

Volker Christmann

Ayurvedischer Yoga

21 Schritte zur Glückseligkeit

Der ayurvedische Yoga ist die Basis aller Yogaformen. Er stellt ein uraltes, einzigartiges System der Gesundheitsvorsorge dar, das von Jung und Alt, von Anfängern und Yogaerfahrenen ganz leicht anzuwenden ist. In Zusammenarbeit mit einem ayurvedischen Arzt aus Nepal ist es dem Autor gelungen, dieses Wissen für den Menschen des Westens neu zu entdecken und zu beleben. 21 Übungen reichen aus, um Körper, Geist und Seele gesund zu halten – 21 Übungen als Königsweg zum Lebensglück. Dieses anschauliche Praxisbuch beschreibt darüber hinaus zahlreiche begleitende Meditations-, Atem- und Entspannungsübungen und ermöglicht die genaue Zuordnung von Beschwerden und empfohlenen Übungen.

Knaur
MensSana

Deepak Chopra

Jung bleiben – ein Leben lang

Mit Ayurveda das Geheimnis des langen Lebens erfahren

Altern ist nicht nur eine Frage der Lebensjahre – der Alterungsprozess ist stark abhängig von der Einstellung zum Leben und dem Wissen über die Zusammenhänge zwischen Körper und Seele. Deepak Chopra zeigt in diesem Buch, wie man sein Bewusstsein und damit auch den Umgang mit dem eigenen Körper tief greifend verändern kann, um auch noch im Alter jugendliche Kraft zu verspüren. Die zahlreichen praktischen Übungen und Anleitungen zur Meditation lassen sich einfach umsetzen und für ein persönliches Ayurveda-Programm zum Jungbleiben oder Jungwerden zusammenstellen.

Knaur
MensSana